哇！我们的二十四节气

——中国农业科学院附属小学附设幼儿班主题活动之

送夏迎秋

中国农业科学院附属小学 编著

气象出版社
China Meteorological Press

图书在版编目（CIP）数据

哇！我们的二十四节气. 中国农业科学院附属小学附设幼儿班主题活动之送夏迎秋 / 中国农业科学院附属小学编著. -- 北京：气象出版社，2022.6
ISBN 978-7-5029-7721-4

Ⅰ. ①哇… Ⅱ. ①中… Ⅲ. ①活动课程－学前教育－教学参考资料 Ⅳ. ①G613.7

中国版本图书馆CIP数据核字(2022)第091787号

哇！我们的二十四节气
——中国农业科学院附属小学附设幼儿班主题活动之送夏迎秋
Wa! Women de Ershisi Jieqi
——Zhongguo Nongye Kexueyuan Fushu Xiaoxue Fushe You'erban Zhuti Huodong zhi Songxia-Yingqiu

中国农业科学院附属小学　编著

出版发行：气象出版社	
地　　址：北京市海淀区中关村南大街46号	邮政编码：100081
电　　话：010-68407112（总编室）　010-68408042（发行部）	
网　　址：http://www.qxcbs.com	E-mail: qxcbs@cma.gov.cn
责任编辑：殷　淼	终　　审：吴晓鹏
责任校对：张硕杰	责任技编：赵相宁
封面设计：艺点设计	
印　　刷：三河市君旺印务有限公司	
开　　本：787 mm×1092 mm　1/16	印　　张：10.5
字　　数：200千字	
版　　次：2022年6月第1版	印　　次：2022年6月第1次印刷
定　　价：52.00元	

本书如存在文字不清、漏印以及缺页、倒页、脱页等，请与本社发行部联系调换。

编委会

《哇！我们的二十四节气
——中国农业科学院附属小学附设幼儿班主题活动之送夏迎秋》

主编：刘　芳　李　宁　刘　静
编委：徐　然　李　迎　郭　睿　闫　斐　刘　晶
　　　　苏嬿然　王子月　崔　萌　张　萌　孟　雨
　　　　李杉杉　范　围　牛佳玉　张爱华　吴　铮
　　　　张　屹　柴　焱　赵珈艺　乔　爽　李漪筱
　　　　屈明伟　邱晓芳　曹晓坤　魏钰姗

前言

　　二十四节气是"中国时间里的智慧"，无论是在古代社会生产力较低的农耕时代，还是在如今逐步步入农业现代化的阶段，中国人总是围绕着二十四节气周而复始地劳作，年复一年地分享着二十四节气带给人们的丰富馈赠。

　　二十四节气渗透于中国人生产、生活的方方面面，能够很好地适应幼儿"在自然中学、在操作中学、在体验中学"的教育方式。中国农业科学院附属小学附设幼儿班（以下简称农科附小幼儿班）根据弘扬二十四节气等中国传统文化的教学目标，结合自身"生长教育"的育人理念，即关注每一名幼儿每一天的生长，使幼儿在体验生命的过程中自主生长，最终能够成为美好生活的创造者，开展了二十四节气园本课程的实践探究活动。

　　农科附小幼儿班围绕二十四节气，开展了艺术、科学、语言、健康、社会五大领域活动，并通过区域游戏、主题墙饰、健康饮食等方式加以辅助和补充。在本书中，农科附小幼儿班的老师们将与您深度分享他们在二十四节气园本课程实践探究活动中的所见、所闻、所思、所想。他们在活动实践中不断地尝试、总结、改进、创新，在美丽的"农科小院儿"中创造出一幅幅生动的二十四节气动态美景，带领孩子们用心体会冬藏、春播、夏管、秋收的不同美丽、收获与喜悦，充分感受二十四节气等传统文化的魅力与博大，并努力汲取其中的智慧养分，帮助他们快乐、健康地茁壮成长。愿优秀的中华传统文化在孩子们心中生根发芽，代代传承！

目录

前言

立夏
教师研学篇 \ 3
五大领域主题活动网络图 \ 4
幼儿活动篇 \ 5
艺术领域 \ 5
画 蛋 \ 5
美丽五色饭 \ 6
装饰蛋套 \ 7
鸡蛋碰碰撞 \ 9
科学领域 \ 11
认识温度计 \ 11
社会领域 \ 13
夏季特饮 \ 13

小满
教师研学篇 \ 17
五大领域主题活动网络图 \ 19
幼儿活动篇 \ 20
艺术领域 \ 20
蚕宝宝 \ 20
科学领域 \ 21
小蚕茧 \ 21
社会领域 \ 23
抢水游戏 \ 23
金穗回忆 \ 25
有趣的石磨 \ 26

芒种
教师研学篇 \ 31
五大领域主题活动网络图 \ 34
幼儿活动篇 \ 35
艺术领域 \ 35
芒种第一瓜 \ 35
麦秆画 \ 36
社会领域 \ 37
端午插艾 \ 37
除草、斗草 \ 38
麦粒大变身 \ 39

夏至
教师研学篇 \ 43
五大领域主题活动网络图 \ 44
幼儿活动篇 \ 45
科学领域 \ 45
竹蝉 \ 45
影子游戏 \ 46
健康领域 \ 47
美味夏至面 \ 47
水果派对 \ 49

小暑
教师研学篇 \ 53
五大领域主题活动网络图 \ 54

幼儿活动篇 \ 55
艺术领域 \ 55
我眼中的荷花 \ 55
甜甜的雪糕 \ 57
叶子蟋蟀书签 \ 58
语言领域 \ 60
小暑 \ 60
蟋蟀来了 \ 61
小鼠小暑 \ 63

大暑
教师研学篇 \ 67
五大领域主题活动网络图 \ 68
幼儿活动篇 \ 69
艺术领域 \ 69
扇子画 \ 69
夜空中的萤火虫 \ 70
健康领域 \ 72
水枪大战 \ 72
社会领域 \ 74
晒伏 \ 74
晒伏姜 \ 75

立秋
教师研学篇 \ 79
五大领域主题活动网络图 \ 80
幼儿活动篇 \ 81
艺术领域 \ 81
小西瓜 \ 81
美丽的菊花 \ 82
晒秋 \ 84
蝉 \ 85
银杏叶 \ 87
健康领域 \ 88

贴秋膘 \ 88
社会领域 \ 89
一起来"摸秋" \ 89

处暑
教师研学篇 \ 93
五大领域主题活动网络图 \ 94
幼儿活动篇 \ 95
艺术领域 \ 95
开渔船 \ 95
云朵海绵画 \ 96
健康领域 \ 97
拍球通关 \ 97
语言领域 \ 98
手势儿歌《处暑》\ 98
读绘本《落叶跳舞》\ 100
社会领域 \ 102
出游迎秋 \ 102

白露
教师研学篇 \ 105
五大领域主题活动网络图 \ 106
幼儿活动篇 \ 107
艺术领域 \ 107
干花书签 \ 107
白露 \ 108
健康领域 \ 109
我的身体我保护 \ 109
社会领域 \ 110
晾制红薯干 \ 110

秋分
教师研学篇 \ 115
五大领域主题活动网络图 \ 117

幼儿活动篇 \ 118
艺术领域 \ 118
小螃蟹 \ 118
科学领域 \ 119
中秋探月 \ 119
石榴熟了 \ 121
社会领域 \ 122
观菊、做菊、品菊 \ 122

寒露
教师研学篇 \ 127
五大领域主题活动网络图 \ 128
幼儿活动篇 \ 129
艺术领域 \ 129
茱 萸 \ 129
秋之"重阳"，菊花为伴 \ 130
枫叶 \ 133
健康领域 \ 134
小螃蟹运食物 \ 134
社会领域 \ 136
寒露登高 \ 136
寒露节气我参与 \ 137
爷爷奶奶哈哈笑 \ 139

霜降
教师研学篇 \ 143
五大领域主题活动网络图 \ 145
幼儿活动篇 \ 146
艺术领域 \ 146
涂色菊花 \ 146
霜降至，柿子甜 \ 147
科学领域 \ 148
叶子的秘密 \ 148
健康领域 \ 150
秋风吹，树叶飘 \ 150
语言领域 \ 151
学古诗《枫桥夜泊》\ 151
霜降节气趣味多 \ 153
社会领域 \ 154
霜降茶香飘 \ 154
原来"柿"你 \ 156

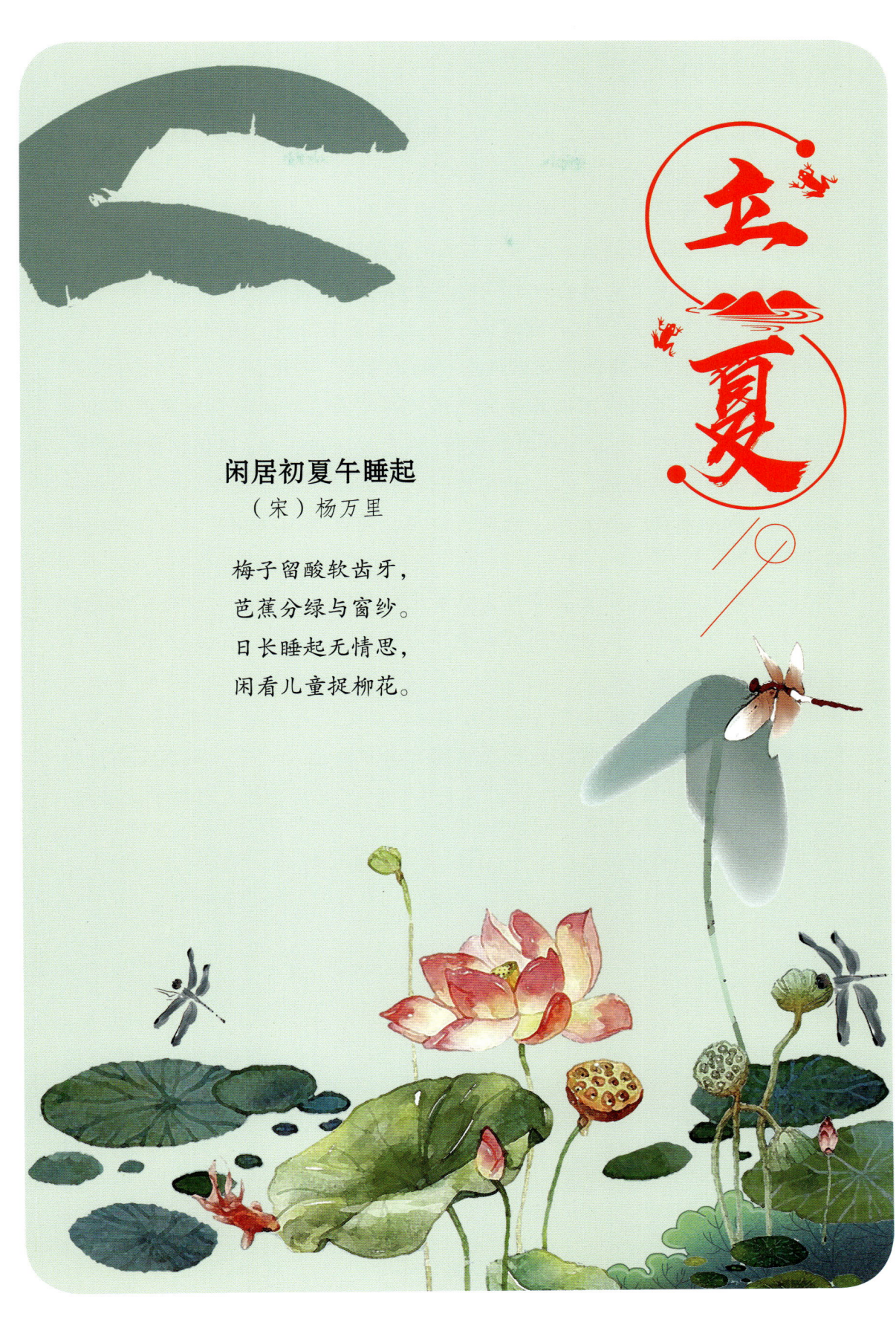

闲居初夏午睡起

（宋）杨万里

梅子留酸软齿牙，
芭蕉分绿与窗纱。
日长睡起无情思，
闲看儿童捉柳花。

每年5月5日、6日或7日，太阳到达黄经45°时，进入立夏节气。

古人将立夏分为三候："一候蝼蝈鸣；二候蚯蚓出；三候王瓜生。"意思是，进入立夏节气，可以听到蝼蝈在田间鸣叫（一说是蛙声）；再过5天，便可看到蚯蚓在地上掘土；之后，王瓜的蔓藤开始快速攀爬生长。

立夏是反映季节变化的一个节气，古人常将立夏作为四季之夏的开始。立夏时节，万物繁茂，农作物进入一个旺盛生长阶段，夏收作物冬小麦、油菜等，年景基本成定局，故农谚有"立夏看夏"之说。

这一时期，不仅我国南北方的气温差异较大，即便同一地区早晚气温也波动频繁，所以早晚应注意添加衣物，同时要适当午睡，以保证精力充沛。立夏后，天气逐渐炎热，人们的生理状态会发生一定的改变，建议选择一些相对平和的活动，如散步、慢跑、绘画、钓鱼等，以静养心志，保持情绪安定平和。

立夏是我国古代的重要节日，很多风俗习惯自古传承。古时在立夏的这一天，帝王要率文武百官到京城南郊去迎夏，举行迎夏仪式。君臣一律穿朱色礼服，配朱色玉佩，连马匹、车旗都要朱红色的，以表达对丰收的企求和美好的愿望。宫廷里"立夏日启冰，赐文武大臣"。冰是上一年冬天贮藏的，由皇帝赐给百官。近代民间则有尝新和称人之习，此日人们把将熟之小麦、大麦穗在火上烤熟吃，以享新麦之鲜；或用秤称人之轻重以祈福。

教师研学篇

"立夏节气时,万物至此皆长大,故名立夏也。"立夏标志着夏天的到来。立夏节气的教师研学活动由牛佳玉老师组织开展。她首先通过"思维导图说立夏"活动,带领老师们学习立夏的有关知识,感受夏天带给人们的真挚与热烈。

思维导图说立夏:老师们结合本班幼儿年龄特点,以年级组为单位,将很多适合在立夏进行的有趣活动编制成立夏节气艺术、科学、健康、语言、社会领域(以下简称五大领域)的思维导图,并进行分享,老师们互相学习。

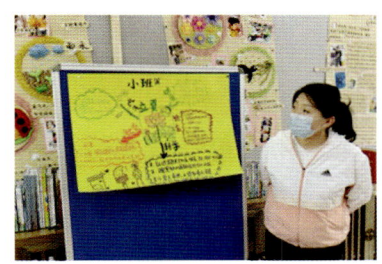 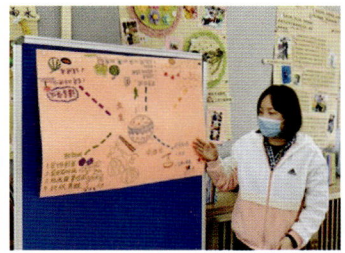 

炎热的夏日,一杯颜值与美味俱全的"夏日特饮"无疑是对夏天最好的诠释。牛佳玉老师准备了制作饮料需要的材料:蝶豆花、雪碧、柠檬、蜂蜜、白凉粉,老师们一起亲手制作饮料。首先将蝶豆花浸泡,加入白凉粉。待蝶豆花凉粉凝固,将其切成小块儿放入杯中,再加入一定比例的雪碧、柠檬、蝶豆花水,我们的"夏日特饮"就制作完成了。一杯凉爽的特制饮料,让我们的味蕾充分感受到夏日的冰爽,其中的蝶豆花还含有丰富的花青素,有美容养颜的功效,原来它不只具有颜值和美味,还很有内涵呢。

——中国农业科学院附属小学附设幼儿班主题活动之送夏迎秋

五大领域主题活动网络图

各班组教师结合本班幼儿年龄特点，梳理出立夏节气艺术、科学、健康、语言、社会领域（以下简称五大领域）主题活动网络图。

艺术领域
画彩蛋：会用简单的工具装饰鸡蛋
编蛋套：感受民间习俗
欣赏绘本《二十四节气——夏》

健康领域
吃立夏饭（五色饭）
立夏尝新（枇杷、樱桃、青梅）
医生阿姨进班，讲授夏天养生小常识：知道夏天要少吃冷饮

社会领域
称重
斗蛋（蛋头碰蛋头，蛋尾碰蛋尾）
认识夏季的特征，知道夏天注意防晒

语言领域
学唱儿歌《立夏歌》
学唱歌曲《虫儿飞》
学唱儿歌《夏天到》
会用简单的语言表达以上儿歌或歌曲的内容

科学领域
认识五色米（红豆、绿豆、黑米、糯米、红米）
观察幼儿园中的植物生长状况
夏天真热：感知夏天的温度

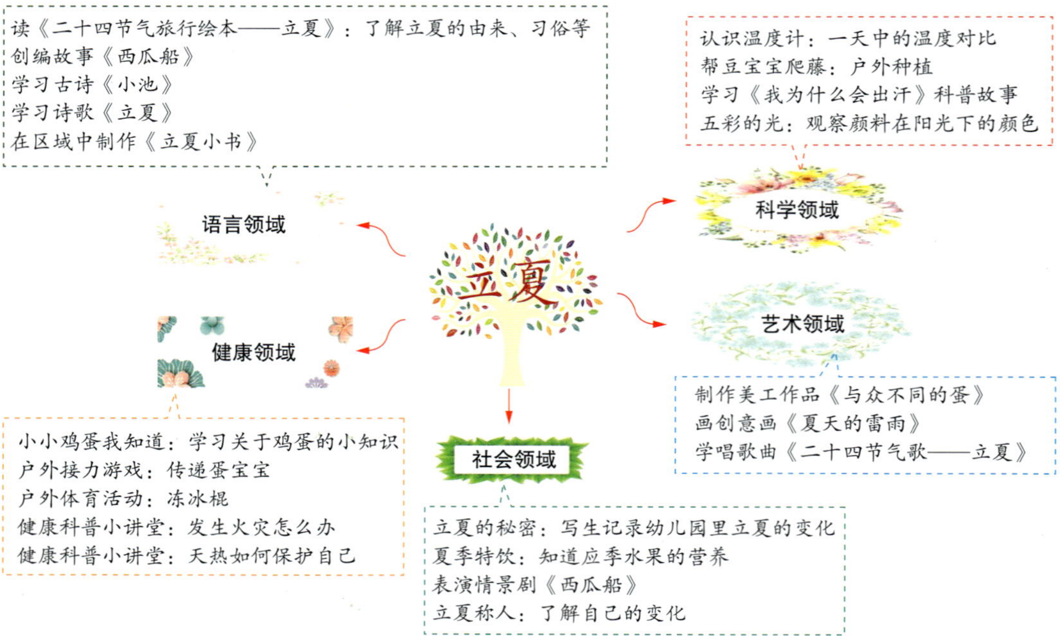

语言领域
读《二十四节气旅行绘本——立夏》：了解立夏的由来、习俗等
创编故事《西瓜船》
学习古诗《小池》
学习诗歌《立夏》
在区域中制作《立夏小书》

科学领域
认识温度计：一天中的温度对比
帮豆宝宝爬藤：户外种植
学习《我为什么会出汗》科普故事
五彩的光：观察颜料在阳光下的颜色

健康领域
小小鸡蛋我知道：学习关于鸡蛋的小知识
户外接力游戏：传递蛋宝宝
户外体育活动：冻冰棍
健康科普小讲堂：发生火灾怎么办
健康科普小讲堂：天热如何保护自己

艺术领域
制作美工作品《与众不同的蛋》
画创意画《夏天的雷雨》
学唱歌曲《二十四节气歌——立夏》

社会领域
立夏的秘密：写生记录幼儿园里立夏的变化
夏季特饮：知道应季水果的营养
表演情景剧《西瓜船》
立夏称人：了解自己的变化

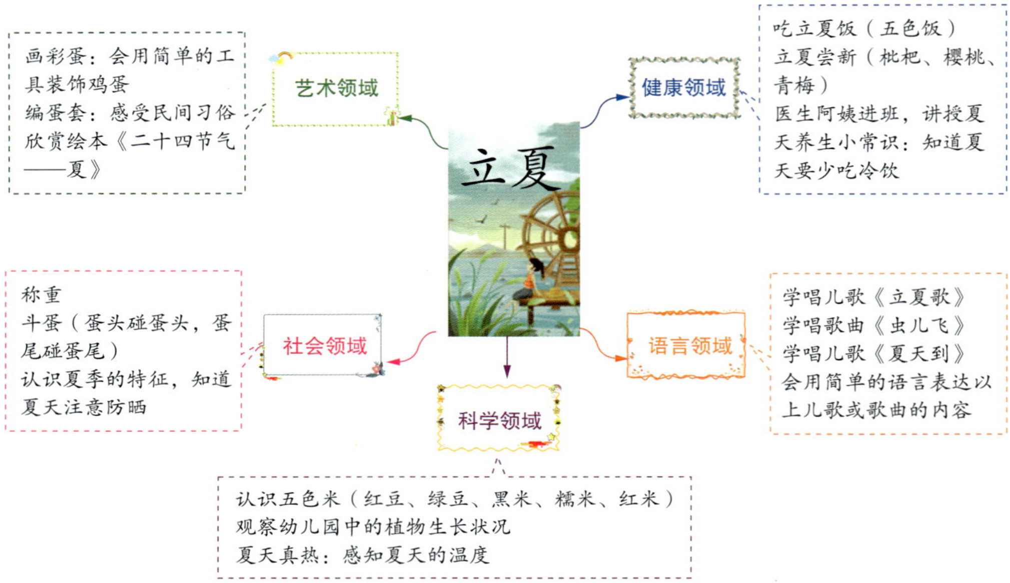

幼儿活动篇

艺术领域

画蛋

小一班　闫　斐

立夏预示着季节的转换，表示夏季的正式开始。立夏有一个习俗——画蛋，于是，我们开展了立夏节气艺术领域活动"画蛋"。

我们带领孩子们走出教室，观察自己喜欢的植物，并用画笔在蛋壳上画出来，创作属于自己的植物画"蛋宝宝"。米粒说："我画的是幼儿园里最好看的花朵。"大桥说："我画的是幼儿园的玉兰树。"在创作过程中，孩子们观察得格外认真，小心翼翼地描画着每一笔，生怕一不小心将蛋壳捏碎，或画错笔画。不一会儿，一个个可爱的"蛋宝宝"在孩子们手中诞生了。

在活动中，孩子们将夏季的美好景象尽收眼底，并用画笔和小小的蛋壳记录下这份独特的美景与快乐，还了解和体验了画蛋这一有趣的传统习俗，一张张可爱的小脸绽放出灿烂的笑容。最后，孩子们欣喜地将"蛋宝宝"带回家，与家人分享作品的同时讲述着立夏节气的习俗特点。

——中国农业科学院附属小学附设幼儿班主题活动之送夏迎秋

美丽五色饭

小二班 崔 萌

立夏有食五色饭的习俗，寓意着生活五光十色、多姿多彩，日子蒸蒸日上、幸福安康。——说："崔老师，五彩饭里有什么啊？"孩子们好奇地看着我。于是，通过分享节气主题绘本《立夏》，我们带领孩子们走进了立夏节气的时节。

绘本中讲道：五色饭是立夏当天的一种美食，传统的五色饭用赤豆、黄豆、黑豆、青豆、绿豆等五种豆类烹饪而成。当天中午，幼儿园为孩子们制作了香喷喷的五彩饭，孩子们可喜欢了，也表现出很大的兴趣，于是我们开展了立夏节气艺术领域活动"美丽五色饭"。

我们为孩子们准备了多种制作五彩饭的材料，孩子们通过撕纸、粘贴、涂色等多种方式，创作属于自己的美丽五色饭小作品——彩色的小碗五彩的饭，给孩子们带来的快乐，一点都不亚于真的吃到香喷喷的五彩饭。

放学后，孩子们将自己的美丽五彩饭带回家送给家人，在分享喜悦的同时，也为家人送上一份祝福，愿我们的生活一直幸福安康。

装饰蛋套

小二班 张 萌

立夏马上就要到了,为了让孩子们了解立夏节气习俗,结合小班幼儿年龄特点,我们首先通过播放动画视频的方式向幼儿科普立夏知识。

"夏天到,知了叫。池塘青蛙蹦又跳,小荷花,枝头翘,风儿一吹脸红了……"动画片用儿歌的方式展示着立夏的风景、风物等,在介绍立夏的风俗时,动画片中提到了做蛋套。嘟嘟好奇地问我:"张老师,什么是蛋套?它是干什么用的啊?"一一问我:"老师,我们可以做蛋套么?"看到孩子们对蛋套这么感兴趣,我便利用休息时间编制了一个蛋套。当孩子们看到它时,流露出了不可思议的神情。"老师,这个绳子好神奇!"乐乐说。硕硕也跟着说:"老师,这个我可以带回家吗?"看到孩子们激动的样子,我赶紧拿出了提前准备好的蛋

——中国农业科学院附属小学附设幼儿班主题活动之送夏迎秋

套,开始了这次立夏节气艺术领域活动"装饰蛋套"。

我准备了多种多样的蛋套装饰材料,孩子们可以为蛋套穿上小铃铛、小彩珠等饰品。

孩子们装饰好自己的小蛋套后,纷纷向我炫耀:"张老师,你看我的蛋套好看吗?"言言开心地说:"老师,我想把蛋套戴在脖子上!"小语说:"张老师,快帮我拍张照片,给妈妈发过去吧!"最后,孩子们全都将自己装饰好的蛋套挂在脖子上,再装上自己带来的鸡蛋,开心地来找我拍照。

在活动中,孩子们动手能力有所差异,所以我对孩子进行了针对性的表扬。比如璠璠动手能力稍弱,我会直接夸奖她:"璠璠,你今天小手真能干呀!穿了这么多好看的小铃铛。"安吉动手能力在班中比较强,我会鼓励她穿一些细小一点的装饰物,锻炼精细动作。

放学后,孩子们带着自己装饰好的蛋套回家,还向家人介绍立夏时为什么要编制蛋套,锻炼了语言表达能力和沟通能力,同时增强了孩子们的自信心。

鸡蛋碰碰撞

中二班 牛佳玉 刘 晶

立夏有"斗蛋"的习俗,斗蛋是一种游戏,孩子们会相互比试谁的蛋壳比较硬。在介绍这个游戏时,有孩子提出疑问:"老师,每个蛋看上去都是一样的,怎么才能分辨出来哪一个是自己的蛋宝宝呢?万一弄错了呢?"和和说:"老师,我知道!我们给蛋宝宝穿上不一样的衣服,就不会认错自己的蛋宝宝啦。"由此,我们开展了立夏节气艺术领域活动"蛋宝宝穿新衣"。

《3～6岁儿童学习与发展指南》(以下简称《指南》)中提出:创造机会和条件,支持幼儿

自发的艺术表现和创造，尊重幼儿自发的表现和创造，并给予指导。我们为小朋友们提供了多种材料，他们可以选择自己喜欢的材料对蛋宝宝进行装饰。朵朵选择了粉色的纸黏土，为蛋宝宝添上红红的小脸蛋。和和说："我用纸黏土为蛋宝宝做一个小帽子，这样它就不怕晒了。"……

看，蛋宝宝们已经穿好美丽的衣服准备参加斗蛋比赛啦，可是我们还需要另一件物品——斗蛋袋。小朋友们虽然还不会编制斗蛋袋，但是他们通过自己的巧手，为斗蛋袋装饰了小铃铛和彩色小珠子，斗蛋袋摇晃起来时，发出叮叮当当的清脆声音。

接下来，孩子们拿着煮熟的鸡蛋开始进行斗蛋比赛。大家都积极想办法保护自己的鸡蛋，和和说："我要攥住我的鸡蛋，不能掉到地上。"希希说："我要用手包住我的鸡蛋，这样就磕不到我的鸡蛋了。"睿睿说："保护鸡蛋要认真，不然蛋壳就可能碎掉。"包子说："我的鸡蛋碎了，但是没关系，我下次继续努力！"

斗蛋比赛结束了，鸡蛋都碎了，不过它们都成了孩子们的美味加餐。我们还用剩下的鸡蛋壳做成荷花美术作品，孩子们发挥自己的想象力和创造力，将鸡蛋壳变成了美丽的荷花瓣。笑笑说："我做的荷花真好看。"和和说："我的荷花有不同颜色的花瓣"。卿卿说："我要对荷花进行装饰，让荷花更加好看。"

通过这次活动，孩子们收获了不同寻常的快乐，感受到了中国千百年来的文化魅力。夏季的节气主题活动刚刚开始，接下来，我们继续探寻更有趣的节气活动吧！

科学领域

认识温度计

大一班 王子月

转眼间就到了夏天,我们迎来了夏季的第一个节气——立夏。它标志着夏天的到来,从这一天开始,天气会变得越来越热。班里有的小朋友经常会问:"王老师,今天多少度呀?也太热了!"我每次都会看看班里的温度计,然后将度数直接告诉他们。有一天,小美说:"王老师,您每次都看完温度计再告诉我们,您教教我们怎么看温度计不就好了吗?"《指南》指出:大班幼儿对感兴趣的东西总是会刨根问底,并且能够发现生活中的很多问题都可以用数学的方法来解决。因此,我组织了立夏节气科学领域活动"认识温度计"。

活动中,孩子们以小组为单位观察温度计,在纸上以表格的方式列举出本小组成员好奇的问题,然后每组选择一名小朋友进行分享。

有的小朋友说:"老师,为什么你不用平时给我们量体温的温度计测量温度呢?"有的说:"温度计上的那个红色的小圆球里面装的是什么?"还有

——中国农业科学院附属小学附设幼儿班主题活动之送夏迎秋

的说:"温度计上的数字0怎么不在最底下?"……

孩子们提出这么多疑问,真是好奇心满满啊,因此,学习热情也十分高涨。我借助PPT、动画视频以及实际体验等方式,带孩子们一起认识温度计,并引导他们读出相应温度。

认识了温度计后,孩子们说:"我们也去看看外面的温度吧,这样我们就知道穿什么衣服了!"把温度计放置在户外一段时间后,我们带领孩子们依次观察了温度计的度数变化,并亲身感受室内外的温度差异。

在这次活动中,孩子们的科学探究能力和主动学习能力都得到了提升。

社会领域

夏季特饮

大一班 孟 雨

立夏到了,风暖暖的,阳光炫目。气温越来越高了,需要多多补充水分,可以喝一些蜂蜜水、柠檬水、菊花茶等。为了让孩子们了解夏天多喝水以及一些饮品对身体的好处,我们在班内角色游戏区创设了"水吧"。

"水吧"很快就被小朋友们所熟悉和喜爱,孩子们尝试自制了很多有营养又美味的饮料,还为这些饮料起了很好听的名字,并制定了价格,可以利用平时得到的"游戏币"来购买自己喜欢的饮品。慢慢地,"顾客"越来越多,水吧"工作人员"的制作水平也越来越高超。孩子们还在班级美工区为"水吧"制作了精美的宣传海报,上面不仅仅有饮品的名字,还细致地标出了饮品的营养和新加入的饮品口味,激发了孩子们参与的热情。在活动中,孩子们还了解到市面上的饮料大多加了防腐剂等,不宜饮用,对身体不健康,但自制的饮料又健康又美味,回家也可以多多尝试。

文化之美,在于传承。精彩的立夏节气社会领域活动"夏季特饮"给孩

——中国农业科学院附属小学附设幼儿班主题活动之送夏迎秋

子们带来的不仅是短暂的快乐，它让孩子们在游戏中了解了立夏的一些传统习俗，激发了他们学习传统民俗文化的兴趣，并在他们幼小的心灵中种下了传统文化与科学的种子。

五绝·小满

（宋）欧阳修

夜莺啼绿柳，皓月醒长空。
最爱垄头麦，迎风笑落红。

每年的5月20日、21日或22日，太阳到达黄经60°时，进入小满节气。古人将小满分为三候："一候苦菜秀；二候靡草死；三候麦秋至。"意思是，到了小满节气，苦菜已经枝叶繁茂；而一些喜阴的草类植物因不堪阳光的强烈照射已经日渐枯萎；此时麦子等夏熟作物籽粒开始饱满。但在小满节气，这些作物还没有成熟，相当于乳熟后期，因而只是"小满"，还未"大满"。

小满时节夏收作物逐渐结果，夏收、夏种、夏管，"三夏大忙"的序幕拉开，田间劳作开始繁忙，对于我们这个农业大国来说，小满时节还寄托着老百姓一种丰收在望的喜悦与期盼。南方地区的农谚对小满节气赋予新的寓意："小满不满，干断田坎""小满不满，芒种不管"，其中的"满"和"不满"表示雨水的盈缺。因为小满节气正处于南方水稻栽插的季节，这两句谚语的意思是，小满时如果田里蓄不满水，就可能造成田坎干裂，甚至芒种时也无法栽插水稻。

小满过后，天气逐渐炎热起来，全国各地渐次进入夏季，降水进一步增多。"小满山川寻苦菜，消炎解毒疗糖肝。采来开水烫凉拌，最宜脾虚与胃寒。"小满前后，荒滩野岭苦菜遍地，天热吃"苦"，胜似进补。这也正契合了这个时节依据"防热防湿"调节饮食的要点，同时要注意避免过量进食生冷食物，保持心情舒畅。

小满节气的习俗也有不少，如我国江浙一带，在小满时举行以村坪为单位的"抢水"仪式，在车水前以鱼肉、香烛等祭拜车神，表达出当地农民对水利排灌的重视。另外，相传小满为蚕神诞辰，由于蚕很难养，所以为了祈求养蚕有个好收成，人们会在小满时节举行祈蚕节。

教师研学篇

"晴日暖风生麦气，绿荫幽草胜花时"，小满带着明媚的阳光和麦子的香气悄然而至。李杉杉老师组织开展了"小满——金穗出齐，小满未满"研学活动。

为了让老师们感受小满、了解小满，杉杉老师做了充分的准备。"人间最美是小满，花会开月未圆"，小满既是万物生长的节气，又是最"接地气"的节气。杉杉老师结合"小满"的含义展开本次活动，从小满节气养蚕开始讲起，为大家分享了蚕神"马头娘"的有趣传说，然后又讲到中国是蚕丝的发源地，汉代以前，中国一直是世界唯一利用蚕丝生产丝绸的国家。

接下来是"思维导图说小满"活动，老师们按照年龄组分别讨论了各自年龄段的五大领域相关活动，然后利用思维导图的方式加以呈现。

——中国农业科学院附属小学附设幼儿班主题活动之送夏迎秋

结合本幼儿园的文化"播种梦想，耕耘希望"，老师们又进行了种植多肉植物的活动。希望农科小院的人们像这些多肉一样可爱，朝气蓬勃，一同感受美丽小满、美好生活。

五大领域主题活动网络图

各班组教师结合本班组孩子的年龄特点，梳理出小满节气五大领域主题活动网络图。

语言领域
- 学唱儿歌《小满》
- 读绘本《小满知多少》《蚕宝宝》《苦瓜不苦》
- 学古诗《小满》（宋 欧阳修）

健康领域
- 吃苦菜
- 饮食建议：清热利湿
- 好玩的"传水"游戏

科学领域
- 认识蚕宝宝
- 照顾植物宝宝

社会领域
- 寻找苦菜，挖苦菜
- 制作"蚕茧小吃"
- 制作节气食物"苦尽甘来"

艺术领域
- 制作植物标本
- 制作手工作品《蚕宝宝爬呀爬》
- 制作棉签点画《麦穗》
- 制作蚕茧手指偶
- 制作花瓣画《漂亮的裙子》
- 绘画《初夏》

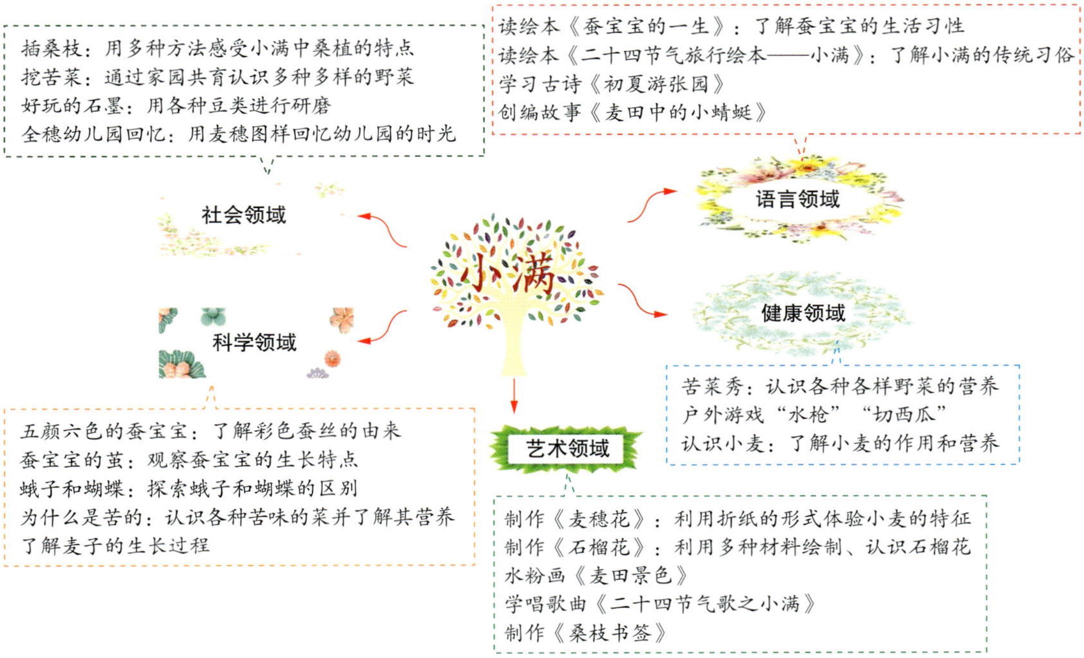

社会领域
- 插桑枝：用多种方法感受小满中桑植的特点
- 挖苦菜：通过家园共育认识多种多样的野菜
- 好玩的石墨：用各种豆类进行研磨
- 全穗幼儿园回忆：用麦穗图样回忆幼儿园的时光

语言领域
- 读绘本《蚕宝宝的一生》：了解蚕宝宝的生活习性
- 读绘本《二十四节气旅行绘本——小满》：了解小满的传统习俗
- 学习古诗《初夏游张园》
- 创编故事《麦田中的小蜻蜓》

健康领域
- 苦菜秀：认识各种各样野菜的营养
- 户外游戏"水枪""切西瓜"
- 认识小麦：了解小麦的作用和营养

科学领域
- 五颜六色的蚕宝宝：了解彩色蚕丝的由来
- 蚕宝宝的茧：观察蚕宝宝的生长特点
- 蛾子和蝴蝶：探索蛾子和蝴蝶的区别
- 为什么是苦的：认识各种苦味的菜并了解其营养
- 了解麦子的生长过程

艺术领域
- 制作《麦穗花》：利用折纸的形式体验小麦的特征
- 制作《石榴花》：利用多种材料绘制、认识石榴花
- 水粉画《麦田景色》
- 学唱歌曲《二十四节气歌之小满》
- 制作《桑枝书签》

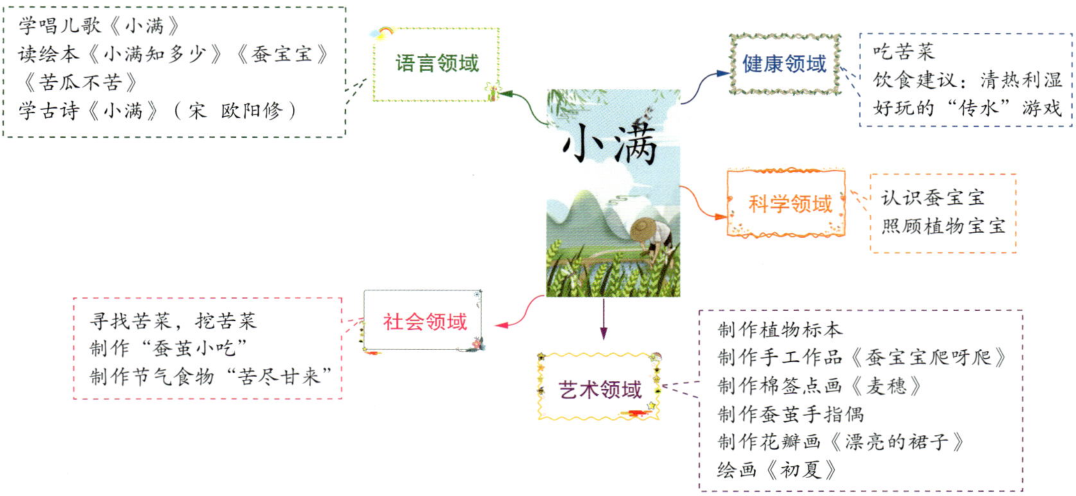

——中国农业科学院附属小学附设幼儿班主题活动之送夏迎秋

幼儿活动篇

艺术领域

蚕宝宝

小一班　闫　斐

我们即将迎来夏季的第二个节气小满，小满有祭蚕、养蚕的习俗，于是，我带领宝贝们一起进行了蚕宝宝观察活动。孩子们对蚕宝宝特别喜欢和好奇，天宇问："蚕宝宝长大了会变成什么样子？"雨欣问："蚕宝宝把自己包裹起来后，还出来吗？"通过解答孩子们的疑问，孩子们对幼龄蚕宝宝有了一定的了解。这时候，孩子们更加喜欢蚕宝宝了，都特别想制作一只可爱的蚕宝宝手工作品。

于是，我们开展了小满节气艺术领域活动"蚕宝宝"，为孩子们提供了适宜的手工材料,白色的超轻黏土通过孩子们灵巧的小手,运用"团圆"技能，做出了蚕宝宝胖胖的身体，再用水彩笔画圆圆的小眼睛，一只黏土蚕宝宝就完成了。将这一只只蚕宝宝放置在绿色桑叶上，简直活灵活现，可爱极了！

孩子们在这次活动中，不仅体验了动手制作手工作品的乐趣，也充分感受了小满节气的特点与文化。

科学领域

小蚕茧

中二班 刘 晶

小满这天，在饭后散步的时候，我们发现隔壁班的哥哥姐姐在自然角里饲养了蚕宝宝，恰好小满就快到了，相传小满为蚕神诞辰，江浙一带在小满节气期间还有一个祈蚕节呢。于是，我们组织开展了小满节气科学领域活动"小蚕茧"。

——中国农业科学院附属小学附设幼儿班主题活动之送夏迎秋

我们邀请隔壁大班的哥哥姐姐为我们科普养蚕知识。哥哥姐姐们绘声绘色、仔仔细细地向我们讲述了他们饲养蚕宝宝的经历，还介绍了蚕的生长过程、生活环境等知识。孩子们听非常认真。

此时，蚕已经变成蚕茧，哥哥姐姐刚一讲完，孩子们便迫不及待地认真观察起那些小蚕茧来。依依说："好期待蚕宝宝'出壳'的样子，身上是不是也长毛了呢？"希希说："这是我第一次看见蚕茧，我在家盖的被子就是蚕丝被。"

有趣的"小蚕茧"活动结束后，孩子们对蚕茧的科学探究兴趣依然不减，每天都会继续观察它们，看一看或动手摸一摸。这天，和和说："今天蚕茧摸起来硬硬的，上面还有蚕吐的丝。"六六说："现在蚕的家变得好轻啊，我猜里面的蚕已经变成蛾子了。"小添说："我也发现蚕茧有一个小洞，蚕宝宝应该已经出来了，蚕茧的家还有用吗？"结合孩子们的兴趣，班级开展了拓展活动"蚕茧秀"，孩子们积极发挥自己的想象力，将剩余的蚕茧变废为宝，创设出各式各样漂亮的蚕茧画。

就这样，孩子们和小蚕茧一起度过了一个收获了许多知识和快乐的小满节气。

社会领域

抢水游戏

小二班 张 萌　中二班 牛佳玉

"晴日暖风生麦气,绿茵幽草胜花时。"小满带着明媚的阳光和麦子的芬芳悄然而至。小满后,天气逐渐由暖变热,降雨量逐渐增多,民谚有"小满大满大河满"的说法。小满还有与"水"有关的习俗——抢水。结合各年龄的幼儿特点,我们将抢水活动转化成了有趣的小满节气社会领域活动"抢水游戏",让孩子们在游戏中体验传统习俗的乐趣。

我们先通过观看动画视频,激发孩子们对抢水活动的兴趣。然后结合本班幼儿的年龄特点,将传统抢水活动的难度降低。接下来,抢水游戏开始了,孩子们分为两组,每个孩子都手拿一个杯子,从放在起点处的盆里取水快速运送到对面的盆中。哪一组在指定时间运送的水多,哪一组便获

哇！我们的二十四节气 ——中国农业科学院附属小学附设幼儿班主题活动之送夏迎秋

得胜利。孩子们在运送过程中不仅要动作迅速，还要注意不让杯子里的水洒到衣服和地上。

第一轮比赛结束后，我们围坐一起分享抢水心得。小茶说："我每次都会把水杯盛满！"小语说："刚才我们是排队盛水的，没有挤。"乐乐的小组没有获胜，他说："我们刚才有小朋友运完水返回的时候没有注意看路，撞到了正在运水的小朋友，水洒了很多。"……经过了一番热烈的讨论，大家都收获了抢水经验，开始了下一轮游戏。

在户外场地的另一边，有中班的哥哥姐姐也在进行抢水游戏，与小班弟弟妹妹的游戏方式不同，中班的抢水游戏更具有挑战性，运水过程中需要走过各种障碍物，比一比在一定时间内，谁的速度更快，谁抢到的水更多。在游戏过程中，孩子们尽力保持身体平衡。障碍物的加入，激发了孩子们的挑战欲望，也增强了他们参与游戏的热情。

最后，孩子们用抢到的水为我们种植的蔬菜进行了浇灌。在活动中，孩子们能够积极主动参与游戏，经过教师的积极引导，能够用正确的方式进行游戏，愿意听取他人的建议，最终收获成功的喜悦。

夏天就是这样快乐的季节，在学习二十四节气文化的路上，满是孩子们的欢声笑语与甜美笑容。

金穗回忆

大一班 孟 雨

在小满节气的各种活动中，孩子们了解到"小满"的含义：麦类等夏熟作物籽粒开始灌浆饱满，但未成熟。孩子们惊喜地发现幼儿园的金穗园标就是出自麦穗的形象。这让孩子们对小满节气的学习更加主动、热情了。

临近毕业的大班小朋友对于幼儿园有很多的回忆与不舍，于是我们开展了小满节气社会领域活动"金穗回忆"。首先进行主题讨论，我们引导孩子们回想初入幼儿园时的陌生与焦虑，发现进入中班后以及现在自己和同伴身上发生的变化。在幼儿园的生活中，有与小伙伴间的欢乐时光，有与老师间的情感抒发，原来不知不觉中，我们积累了这么多的珍贵回忆……

我们决定把这些回忆定格在金色的园标麦穗中。首先，孩子们观察了金穗园标的形状并按照同色系的原则进行绘制。在每一个麦粒中填满对于幼儿园的回忆和感动。有的幼儿绘制了"我的变化"；有的幼儿绘制了"我和朋友间的趣事"；还有的幼儿绘制了"我和老师间的感动"……

一颗颗小小的麦粒记录下每一个小朋友对幼儿园沉甸甸的回忆。绘制完"金穗回忆"，我们又开展了分享环节，孩子们一边展示自己的画作，一边讲述自己在幼儿园的各种美好回忆，他们也都用心去倾听了好朋友的回忆，并参与其中，给予好朋友鼓励。

——中国农业科学院附属小学附设幼儿班主题活动之送夏迎秋

"金穗回忆"让孩子们对他们生命中的这个小满也留下了深刻而美好的回忆，也将成为"金穗回忆"中闪光而美丽的一抹色彩。

有趣的石磨

大一班　王子月

小满时节，小麦等谷物麦粒渐满，很多豆类也开始快速生长。因此，小满有"动三车（水车、磨车和纺车）"的习俗：水车浇灌作物，让作物生长更茂盛；蚕吐丝，纺车开始织布；菜籽成熟，用磨车研磨。于是我们以此为依据，开展了小满节气社会领域活动"有趣的石磨"。

我们为孩子们准备了石磨机。活动前，孩子们准备了泡好的红豆，以及碗、勺、布等操作工具，还认真学习了用石磨进行研磨的方法。

活动正式开始了，孩子们往石磨上方的洞里先放入豆子，再放一些水，然后两个小朋友合作，一人持续往洞中补充豆子和水，一人用力推转石磨，共同完成研磨任务。

在活动过程中，孩子们发现了一个问题：有些豆子会整个崩出来，并且没有被研碎。于是，我们围绕这个问题进行了一番讨论。有的孩子说"是因为水放得太少了"，有的孩子说"是转得太快了"，还有的说"是因为豆子放得太多了"……

根据讨论中得出的这些猜想，孩子们开始了新一轮"改进式"的尝试。这一回，孩子们发现，如果每次少放一些豆子，转动石磨的速度放慢一些，就会减少上面那种情况出现。于是，孩子们更加耐心、细致，继续改进，动作越来越熟练，磨得越来越顺利，最终，孩子们磨出的豆粉特别细腻。

在活动过程中，孩子们勇于发现问题，并尝试解决问题，相信这次活动能够让小朋友们积累更多节气知识和生活技能，并体会到劳动带来的成就感与快乐。

咏廿四气诗·芒种五月节
（唐）元稹

芒种看今日，螳螂应节生。
彤云高下影，鴂鸟往来声。
渌沼莲花放，炎风暑雨情。
相逢问蚕麦，幸得称人情。

每年6月5日、6日或7日,太阳到达黄经75°时,进入芒种节气。"芒"指大麦、小麦等有芒作物逐渐成熟,即将收割;"种"既表示大麦、小麦收获后可以从中筛选出种子,又包含谷黍类等秋收作物开始播种之意。

古人将芒种分为三候:"一候螳螂生;二候鹏(指伯劳鸟)始鸣;三候反舌无声。"意思是,芒种节气时,上一年深秋的螳螂卵此时破壳生出小螳螂;喜阴的伯劳鸟开始在枝头出现,并且感应到阴气而鸣叫;与此相反,能够学习其他鸟鸣叫的反舌鸟,却因感应到阴气而停止鸣叫。

芒种是反映农业物候现象的节气,是二十四节气当中唯一一个既包含收获又包含播种的节气。华北地区"收麦种豆不让晌",长江流域"栽秧割麦两头忙",我国大部分地区的农业生产正处于夏收、夏种、夏管的大忙季节。收、种、管交叉,真可谓"忙种"!

芒种时节雨量充沛、气温显著升高,各种天气灾害随之而来,如冰雹、大风、暴雨等,提醒大家随时关注气象部门发布的预警信息,提前做好防灾准备。这个时期,人们往往出汗较多,应及时补水,避免脱水甚至中暑;饮食应以清淡易消化、富含维生素的食物为主;要注意增强体质,避免季节性疾病和传染病的发生,同时应顺应昼长夜短的季节特点,晚睡早起,适时午休,有意识地进行精神调养,保持轻松愉快的心情。

芒种过后,花多凋谢,花神退位,民间多在芒种日举行祭祀花神的仪式,饯送花神归位,同时也表达了人们对花神的感激之情,盼望来年再次相会。

教师研学篇

　　暖风拂面，万木争荣，气温逐步升高。牵着小满的衣襟，芒种随之快步走来。孟老师组织开展了立夏节气的教师研学活动。

　　她首先带领大家一起学习了芒种节气的有关知识：芒种，意思是"有芒的麦子快收，有芒的稻子可种"，因此"芒种"又叫"忙种"，是一个典型的反映农业生产的节气。

　　在活动中，孟老师请来几个特殊的"朋友"。第一个是螳螂老大，芒种节气的初候为"螳螂生"，

意思是螳螂在前一年深秋时产的卵孵化出了小螳螂。第二个就是鵙二哥，芒种的二候为"鵙始鸣"，从芒种开始，它就要在枝头鸣叫了。最后一个是反舌小弟，芒种的三候为"反舌无声"，反舌是一只很淘气的小鸟，总是爱模仿其他鸟类的叫声，它黑黑的很像乌鸦，所以又叫乌鸦鸟，进入芒种节气后，它便不再鸣叫了。

　　芒种传统习俗有哪些呢？孟老师娓娓道来。

　　送花神，即买花装饰屋子。人们通常在农历二月二日花朝节上迎花神。芒种已近五月间，百花开始凋零，民间多在芒种日举行祭祀花神仪式，饯送花神归位，同时表达对花神的感激之情，盼望来年再次相会。这一习俗如今已经罕见，但从著名小说家曹雪芹的《红楼梦》第二十七回中可窥见一斑："（大观园中）那些女孩子们，或用花瓣柳枝编成轿马的，

——中国农业科学院附属小学附设幼儿班主题活动之送夏迎秋

或用绫锦纱罗叠成千旄旌幢的,都用彩线系了。每一棵树上,每一枝花上,都系了这些物事。满园里绣带飘飘,花枝招展,更兼这些人打扮得桃羞杏让,燕妒莺惭,一时也道不尽……""千旄旌幢"中千即盾牌;旄、旌、幢,都是古代的旗子,旄是旗杆顶端缀有牦牛尾的旗,旌与旄相似,但不同之处在于它由五彩折羽装饰,幢的形状为伞状。由此可见古时大户人家在芒种时为花神饯行的热闹场面。

安苗。安苗是皖南的农事习俗活动,始于明初。每到芒种时节,种完水稻,为祈求秋天有个好收成,各地都要举行安苗祭祀活动。家家户户用新麦面蒸发包——把面捏成五谷六畜、瓜果蔬菜等形状,然后用蔬菜汁染上颜色,作为祭祀供品,祈求五谷丰登、村民平安。

打泥巴仗。贵州东南部一带的侗族青年男女,每年芒种前后都要举办打泥巴仗节。当天,新婚夫妇由要好的男女青年陪同,集体插秧,边插秧边打闹,互扔泥巴。活动结束,检查战果,身上泥巴最多的,就是最受欢迎的人。

煮梅。在南方,每年农历五月、六月是梅子成熟的季节,三国时有"青

梅煮酒论英雄"的典故。青梅含有多种天然优质有机酸和丰富的矿物质,具有净血、整肠、降血脂、消除疲劳、美容、调节酸碱平衡、增强人体免疫力等独特的保健功能。但是,新鲜梅子大多味道酸涩,难以直接入口,需加工后方可食用,这种加工过程便是煮梅。

　　大约每隔两年,就有一次端午节出现在芒种期间,端午节有喝雄黄酒、吃粽子、吃绿豆糕、煮梅子、赛龙舟等习俗。

　　老师们学习和体验了芒种的习俗,也同样可以让孩子们在生活和游戏中进行体验。结合各班孩子的年龄特点,老师们以年级组为单位,一起进行商讨并绘制五大领域"芒种"的思维导图,并将具体活动进行分享,互相之间再次进行学习。

——中国农业科学院附属小学附设幼儿班主题活动之送夏迎秋

五大领域主题活动网络图

各班组教师结合本班组幼儿年龄特点，梳理出芒种节气五大领域主题活动网络图。

艺术领域
绘画《快乐的端午》
制作《麦秆画》
学唱儿歌《二十四节气——芒种》
学唱歌曲《春天到》

语言领域
读绘本《芒种和荞麦的故事》：通过故事了解芒种的由来
学习儿歌《芒种》
学习手指童谣《五月五》

科学领域
忙碌的芒种：了解芒种的习俗
大大馒头从哪里来：了解馒头的由来，同时引导幼儿爱惜粮食

健康领域
了解好吃的水果营养多：多吃瓜果身体更健康
多补水、要午休：了解芒种时节要多饮水、午睡，身体才不易疲劳
防蚊小妙招：了解防蚊方法

社会领域
端午节：了解端午节的习俗和来历
种植活动：体验芒种时节种植的乐趣

艺术领域
制作《纸雕花束》
学唱《二十四节气歌之芒种》
画水粉画《麦穗》
制作纸黏土手工作品《谷粒》
制作折纸作品《螳螂》
画国画《桃花朵朵开》

语言领域
故事创编《送花的好朋友》
绘本表演《二十四节气旅行绘本——芒种》：了解芒种的传统习俗
学习古诗《时雨》
读绘本《屈原的故事》

科学领域
天气变化小调查：了解芒种温度特点
"霉"雨：了解芒种天气特点
有趣的螳螂：认识螳螂从卵到成虫的生长过程
灾害天气我知道：了解一些芒种时节灾害性天气有哪些，会有哪些危害

社会领域
我来除草：带孩子们去户外给种植箱除草
斗草：用杂草来玩斗草的游戏
端午节包粽子：家园共育活动，请孩子们帮家人准备包粽子材料
麦粒大变身：带孩子们体验给麦子脱粒、去皮、晾晒

健康领域
解暑好方法：天气越来越热，怎样帮助小朋友们消暑防止上火
主食从哪里来：了解麦谷等作物的生长过程
户外体育游戏"赛龙舟"
户外体育游戏"打泥巴仗"

幼儿活动篇

艺术领域

芒种第一瓜

小一班　闫　斐

每年芒种前后，无论南方或者北方，都到了一个气温持续比较高的时期。大部分地区会频频出现35℃以上的高温，还会带来更多的雨量，人们会感觉闷热又潮湿，压抑得喘不过气的感觉也随之而来。此时吃西瓜，味甘、归心，具有清热解暑、生津止渴的功效，于是，清淡养胃的饮食成为最好的推荐，比如正好在这段时间上市的瓜类，如苦瓜、冬瓜、西瓜、香瓜等。有意识地多吃这些瓜类，能够有效地减轻肠胃的消化负担，解去暑热，缓解烦闷口渴的不适感。俗话说"热天吃西瓜，不用把药抓"，说的就是这层道理。

依据小班幼儿年龄特点，幼儿善于模仿，我们在美工区投放了多种材料提供给幼儿。孩子们用浅绿色的黏土捏一个半圆条形，作为西瓜皮，然后用红色黏土进行团圆压扁，用小手指将红色西瓜瓤推开，最后加上黑色的西瓜籽，简单的超轻黏土西瓜就制作完成了。宝贝们制作出属于自己的芒种小西瓜，感受到满满的清凉和喜悦！

——中国农业科学院附属小学附设幼儿班主题活动之送夏迎秋

麦秆画

小二班　张　萌

"青梅煮,螳螂爬。绿茵满庭迎盛夏。田间忙收又忙种,旧俗今日送百花。"一首芒种节气手指儿歌,让孩子们了解了芒种节气简单的习俗,并且喜欢中国传统文化——二十四节气。手指儿歌的学习中,让孩子们对芒种节气中的小麦有了初步的兴趣,我们开展了芒种节气艺术领域活动"麦秆画"。

当我拿出麦秆画的时候,小朋友们都兴奋地指着我手中的画说:"张老师,那个不是小麦吗?"合合说:"小麦上面有麦穗。"于是,我们向孩子们简单们介绍了麦秆,再拿出一个完整的小麦请他们一起观察,乐乐说:"原来麦秆就是小麦下面的秆子啊!"

开始制作麦秆画了,孩子们先用双面胶或胶水,将一根根剪成小段的麦秆按照自己的设计贴在画纸上,然后用彩笔围绕着这些小麦秆,画上各式各样美丽香甜的糖果。有的孩子说:"我做的是棉花糖。"有的说:"我喜欢棒棒糖,我做的是棒棒糖。"孩子们积极地分享着自己创作的作品。

激发了幼儿参与活动的兴趣,在后续幼儿作画过程中,表现出专注与创造能力。在儿童创作过程中,教师应及时鼓励,给予幼儿个性发展的空间,不以统一标准去评价和规范他们,用心去捕捉孩子们的童真,欣赏并学习他们的视角、思维、逻辑,多进行鼓励和引导,让他们发挥个性优点,大胆表现。

社会领域

端午插艾

小二班 崔 萌

芒种节气期间有一个重要的节日——端午节。民谚说："清明插柳，端午插艾。"挂艾草寓意驱赶蚊虫，驱除邪恶。孩子们在了解端午节的主题活动中了解了挂艾草的寓意，对艾草也产生了浓厚的兴趣，想看看艾草是什么样子的。于是我们创设了芒种节气社会领域活动"认识艾草"。

此次活动，我们在幼儿园的金穗书屋举行。活动那天，孩子们特意穿上了漂亮的中国传统服饰，这让孩子们参与活动的热情更加高涨。孩子们分组围坐在一起，我们为每个小组都提供了一份艾草，让孩子们对其进行近距离观察。孩子们摸一摸、闻一闻，通过各种感官认识艾草。然后孩子们自己将观察到的艾草特点通过绘画的方式记录下来。每组还选出小代表将本组记录单上的内容与大家分享，比如：艾草是长长的，艾草上面有毛，而且艾草还有香味。观察、讨论完毕后，孩子们对艾草有了更直观、细致的了解。

随后，我们将事先准备好的红绳拿出来，孩子们在老师的帮助下将艾草捆成一捆一捆的样子。这时候，有孩子问我："崔老师，我们是不是要把艾草挂起来？"我说："是啊，你们觉得应该把艾草挂在什么位置呢？"笑笑回答："挂到门上。"骏骏说："我们也可以送给园长妈妈和弟弟妹妹。"接下来，我们便分头行动，将艾草送到了园长妈妈和各个班级中，还帮

——中国农业科学院附属小学附设幼儿班主题活动之送夏迎秋

助他们插到班级门口,并介绍插艾的寓意,希望这些小草能帮助我们驱赶蚊虫,并带来好运。

粽子香,香厨房;艾叶香,香满堂;桃枝插在大门上,出门一望麦儿黄;这儿端阳,那儿端阳,处处都端阳……孩子们在端午节之际,共同学习了各种端午习俗,认识了艾草,还在学习和分享的过程中感受到端午节所带来的独特快乐,收获真大,大家好开心。

除草、斗草

中二班 刘 晶

芒种节气到了,水稻开始插秧了,各种植物更加生机勃勃,幼儿园里大树旁边的杂草也长得旺盛起来。户外活动时,伊娃发现了杂草,她说:"这个草长得好高啊。"包子看到后说:"我来告诉你,这个是杂草,需要把它揪下来,避免它吸收大树的营养。"说完他就用力地除起草来,边拔边说:"哎呀,这个草好难拔呀。"听了包子小朋友的话,小朋友也纷纷来除草。

　　在古代，芒种还有一个习俗就是斗草。斗草是各自找韧性比较好的草，然后交叉成十字用力拉扯，草不断的那一方就是胜利者。孩子们拔完草后，手里有好多杂草。了解到还有斗草习俗，于是，幼儿自发地体验斗草游戏。和和说："我的草是最坚韧的，一定能胜利。"小添说："我是不会输给你的。"笑笑说："我来挑战一下，我要战胜小添。"孩子们参与斗草游戏，在享受游戏欢乐的同时，也感受到了节气习俗带给我们的很多不一样的体验。

麦粒大变身

大一班　王子月

　　芒种时节，田里的小麦已经成熟了，农民伯伯开始忙着收割小麦等作物。班里的小韩参加完小姨的婚礼，从山东给我带回来一份特别的小

——中国农业科学院附属小学附设幼儿班主题活动之送夏迎秋

礼物——两节小麦。我问他:"为什么要送我小麦呢?"他说:"因为山东现在有很多小麦都成熟了,所以我特意带回来送给您。"班中的小朋友们看到小麦之后很是新奇,纷纷走来想看看、摸摸。

《指南》指出,大班幼儿要能够初步了解人们的生活与自然环境的密切关系,知道尊重和珍惜生命,保护环境。所以,我又找来了一些小麦,带孩子们一起了解如何处理收割下来的小麦,同时感受一下农民伯伯们平时的劳动是多么辛苦。

小麦的加工主要分为三个部分:首先是脱粒,将麦粒从麦穗上剥离下来;接着是去皮,将剥离下来的小麦外壳轻轻地剥掉,或者揉搓掉;最后是晾晒,将去好皮的小麦粒放在有阳光的地方进行晾晒。看着桌上的小麦穗,孩子们跃跃欲试。讨论了一番分工后,大家动起手来。有的负责脱粒,有的负责去皮,每个小朋友都认真地投入到小麦的加工中。等天晴了,我们还会将去好皮的小麦拿到外面的阳光下进行晾晒和研磨……

通过此次活动,孩子们充分体验到了芒种农事的乐趣,也对芒种节气有了更深入的了解。

咏廿四气诗·夏至五月中

（唐）元稹

处处闻蝉响，须知五月中。
龙潜渌水穴，火助太阳宫。
过雨频飞电，行云屡带虹。
蕤宾移去后，二气各西东。

每年的6月21或22日，太阳到达黄经90°时，进入夏至节气，这时太阳几乎直射北回归线，北半球的日照时间最长，而且越往北越长。例如，我国海南三亚这一天白天长度可达13小时，而黑龙江漠河日长则达17小时以上，南、北两地日长差达4个多小时。夏至之后，太阳直射点的位置逐渐南移，北半球白昼逐渐缩短，因此，民间有"吃过夏至面，一天短一线"的说法。

古人将夏至分为三候："一候鹿角解；二候蜩（指蝉）始鸣；三候半夏生。"在古人看来，鹿角朝前生，属阳性，夏至日阴气生而阳气始衰，所以阳性的鹿角便开始脱落；"蜩始鸣"指的是雄性的知了在夏至后因感阴气之生便鼓腹而鸣；"半夏"是一种喜阴的药草，在炎热的夏天开始生长。

夏至的到来，意味着气温继续升高，天气将更加炎热，但是这个时节地表接收的太阳辐射仍然比地面向空中散发的辐射多，所以夏至并不是一年中天气最热的时节，大约再过20多天进入伏天，人们才会更加真切地感受到什么叫"酷暑难耐"。夏季气温高，人体汗液分泌旺盛，同时，一些蚊虫繁殖速度也很快，因此，要防止传染病、肠道性疾病的发生和传播。除了注意消暑解渴外，情绪上也应尽量保持平静。

夏至这一天，无锡人早晨吃麦粥，中午吃馄饨，取混沌和合之意。有谚语说："夏至馄饨冬至团，四季安康人团圆。"吃过馄饨后，还会为孩童称体重，希望孩童体重增加更加健康。另外，夏至时值麦收，因此，自古就有在此时庆祝丰收、祭祀祖先的习俗，以祈求消灾丰收。

教师研学篇

"日长之至,日影短至,至者,极也,故曰夏至"。夏至悄悄地来了,而真正意义上的夏天才刚刚开始。明媚灸热的阳光洒在大家的脸上,幼儿园里可爱的一草一木随着微风轻摇。本次节气学习的活动,由李漪筱老师组织开展。李老师首先带领老师们学习了夏至的传统文化,感受夏至。

夏天的花灿烂明艳、多姿多彩,不如制作一张漂亮的干花书签,将美丽与芬芳留存下来。李漪筱老师准备了制作干花书签的材料和工具,包括各式各样的干花、漂亮的丝带、纸书签、透明粘贴膜、打孔器等。老师们按照李老师介绍的制作步骤开始操作:首先选择自己喜欢的干花,将它们摆放在透明粘贴膜上,再将另一张透明粘贴膜覆盖在上面。接着,用胶棒将纸书签粘在透明膜上,然后用打孔器在书签上方打一个小孔,固定上金属圈。最后,将丝带穿过小孔,系一个漂亮的蝴蝶结。

一张张美丽的夏至书签在老师们的巧手中诞生了,每个人都从中感受到了夏日独有的绚烂多彩与勃勃生机。

哇！我们的二十四节气

——中国农业科学院附属小学附设幼儿班主题活动之送夏迎秋

五大领域主题活动网络图

各班组教师结合本班组幼儿年龄特点，梳理出夏至节气五大领域主题活动网络图。

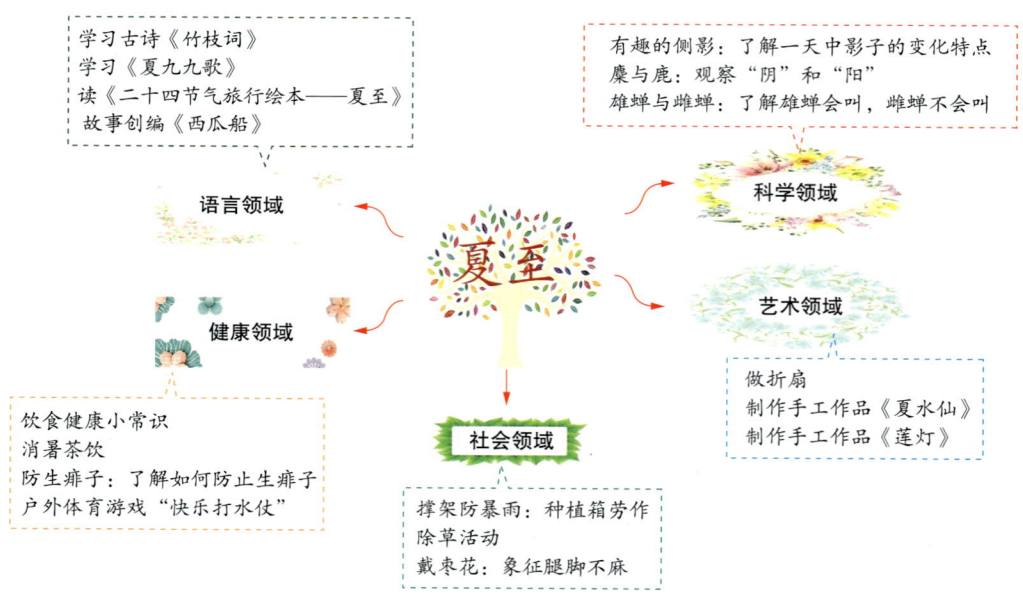

44

幼儿活动篇

科学领域

竹 蝉

中二班 刘 晶

夏至节气到了,古人将夏至分为三候:一候鹿角解,二候蝉始鸣,三候半夏生。在"认识夏至"活动中,蝉鸣引起了孩子们的兴趣。我们一起了解了蝉的特点,知道了会鸣的蝉是雄蝉,它的发音器就在腹基部,像蒙上了一层鼓膜的大鼓,鼓膜受到振动而发出声音。

结合孩子们的兴趣,我们组织开展了夏至节气科学领域活动"竹蝉"。

我们为孩子们准备了制作竹蝉的材料,包括竹筒、尼龙绳、

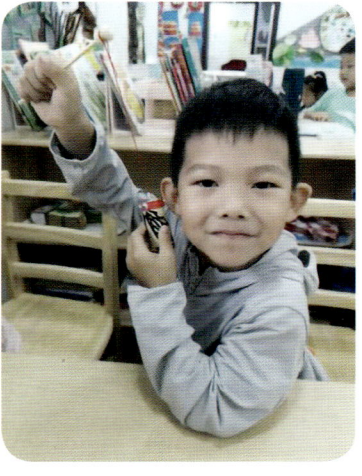

树脂棒、牛皮纸等。将牛皮纸绷紧在竹筒上,再用双面胶牢牢地粘紧牛皮纸;然后将牛皮纸中心穿一个孔,将一端打结的尼龙绳穿过牛皮纸上的小洞,拴在树脂棒上;最后为竹蝉贴上眼睛

和翅膀，一只可爱的小竹蝉就做成了。小添在制作过程中发现："蝉的眼睛长在上面，翅膀像椭圆形。"糖豆说："这个棒棒是做什么用呢？是像钓鱼一样吗？"添添说："要想让竹蝉叫出声音来，就要握住棒子不断旋转。"这是因为，通过不断旋转，尼龙绳和树脂棒产生摩擦，并通过尼龙绳传到牛皮纸上产生共振，这样竹蝉就发出声音了。

孩子们通过亲手制作竹蝉，进一步了解了蝉的特点，并在制作好后通过游戏的方式，直观地感受声音共振的原理。生动有趣的科学游戏，激发了孩子们探究的欲望，增长了科学知识，对夏至节气的三候也有了更深刻的理解和记忆。

影子游戏

大一班　王子月

夏至这天，白昼时间达到一年中最长，因此部分地区会出现"立竿无影"的现象。结合夏至的这一节特点，我们开展了夏至节气科学领域活动"影子游戏。"。

活动前，我发放了调查问卷，请孩子们先在家中和家人一起查阅、寻找可以测量影子的工具。有的孩子说："可以用树枝。"有的说："可以用软尺。"有的还提到，古时候用日晷、用土圭、用绳子……

《指南》指出，大班幼儿要能够通过观察、比较与分析，发现并描述不

同种类物体的特征或某个事物前后的变化,用图表等形式记录。于是,孩子们带上自己查到和准备的测影工具,每个人都到户外找一个标志物进行测量游戏。通过一天的测量和记录之后,孩子们发现,中午时物体的影子是最短的,早上和下午,影子是一点一点变长的。

孩子们在活动中积极而专注,不怕困难,不怕挫折,学习品质得到了较大的提升,也更深地体会到夏至这天白昼很长的特点。

健康领域

美味夏至面

小二班　崔　萌

民间有"吃过夏至面,一天短一线"的说法。意思是说过了夏至这天,阳极阴生,白天越来越短,黑夜越来越长。东东问:"夏至这一天为什么要吃面呢?"我向孩子们解释道:"这是古人根据耕种规矩总结出来的。夏至时节是新麦收获的季节,所以夏至吃面有解馋、尝鲜的意思。夏至这天虽然不是夏季最热的一天,但预示着天气将更加炎热。夏至这一天,人们的饮食就该偏于清淡。热量低,够营养的面条就成了人们的首选,

——中国农业科学院附属小学附设幼儿班主题活动之送夏迎秋

所以夏至面也叫入伏面，这也是"冬至饺子夏至面"说法的由来。

　　幼儿园食堂的叔叔阿姨也为孩子们准备了夏至面，孩子们在了解夏至的食俗后，吃得更加开心了。孩子们在活动中品尝了美味的夏至面，在区域游戏时，孩子们也将美味的夏至面制作给美食坊的小客人们。小厨师们利用软陶泥进行揉搓，变成细细长长的面条，有的幼儿说"老师，我做的是菠菜面和胡萝卜面，你来尝尝吧！"孩子们热情地邀请我，利用不同颜色的陶泥制作了"品种"丰富的面条。通过不断游戏，孩子们还用彩纸撕成小碎屑当作美味的蔬菜、肉丁进行装饰，一碗营养丰富的"夏至面"成为美食坊最受欢迎的菜品。

节气活动带给孩子们的不光是味蕾的体验，还有健康知识的传授，让每一位宝宝都能够健康快乐地成长！

水果派对

中二班　牛佳玉

夏至来到了，我们也真正走进了夏天。在炎炎夏日里，水果成了孩子们热爱的健康解暑食品。为了让小朋友们更加了解水果，我们开展了夏至节气健康领域活动"水果派对"。

"小朋友们，今天班里来了新朋友，你们猜是谁呢？"接着，我为孩子们展示了桌上新鲜又美味的水果。看着这些水果，孩子们都忍不住闻一闻、摸一摸。六六说："我闻到桃子的味道香香的，肯定特别甜。它摸起来还硬硬的，我觉得像一块石头。"彬彬说："西瓜闻着就很甜，真想吃一口啊！我在夏天的时候最喜欢吃西瓜了！"

接着，我们又讨论起这些水果的健康功效。早早说："我知道吃了香蕉之后就可以拉粑粑了！"伦伦说："我平时上火拉不出粑粑的时候，妈妈就让我多吃一些香蕉！"然后，孩子们还知道了原来火龙果也有"帮忙拉粑粑"的功效。"我还是第一次知道这个知识呢！"添添说，"我要多多吃水果。"西瓜是我们夏日里最解暑的水果，它还有防晒的功效。"但是西瓜不

——中国农业科学院附属小学附设幼儿班主题活动之送夏迎秋

可以吃太多,会肚子疼的!"丸子说。还有小小的蓝莓,它可以保护眼睛,增长记忆。

接下来,小朋友们开始动手制作水果拼盘。视觉与味觉的双重体验,让孩子们更加喜爱吃水果了。童童和小谢在制作拼盘的过程中发现:"火龙果的粉色会把手染成粉色,蓝莓会把小盘子染成蓝色。"飞飞与和和用水果拼出了一张可爱的笑脸,她们说:"吃了水果,我们的身体会得到很多营养,我们就会很开心。"早早和添添用水果拼出了蝴蝶,小蝴蝶的眼睛是用蓝莓做成的,他们说:"小蝴蝶吃了蓝莓之后,眼睛就变得大大的、圆圆的了。"

夏至虽然炎热,但是一点也不妨碍我们在生活中寻找乐趣。孩子们用无限的想象力和创意,为夏天增加了许多童趣。从节气中养生,让孩子们了解节气食俗,做一个健康快乐的中国娃,是我们的责任与幸福!

纳凉

（宋）秦观

携杖来追柳外凉，
画桥南畔倚胡床。
月明船笛参差起，
风定池莲自在香。

每年7月6日、7日或8日，太阳到达黄经105°时，进入小暑节气。古人将小暑分为三候："一候温风至；二候蟋蟀居壁；三候鹰始鸷。"意思是，到了小暑节气，地面上即便刮风，人也感受不到凉意，而似热浪席卷；随着天气越来越热，连蟋蟀都离开田野寻觅庭院的阴凉角落避暑；老鹰因近地面气温太高而在清凉的高空中活动，也有解释说是老鹰一类的猛禽感受到地面阴气，因而飞上高空为捕获猎物苦练本领。

小暑过后，人们可以明显感觉到气温在日日攀升。《月令七十二候集解》云："六月节……暑，热也，就热之中分为大小，月初为小，月中为大，今则热气犹小也。"可见小暑其实还不是一年中最热的时候，故古人称其为小暑。

小暑节气的天气也有不按常规套路出牌的时候，有的年份小暑前后北方冷空气势力仍然较强，在长江中下游地区与南方暖空气势均力敌，出现锋面雷雨。"小暑一声雷，倒转做黄梅"，小暑时节的雷雨常常是"倒黄梅"的天气信息，预示着雨带还会在长江中下游维持一段时间。

民间小暑有食新、吃饺子、吃炒面、晒书画衣物等习俗。同时，这个时期昼长夜短、天气闷热，容易让人产生烦躁不安的情绪，因此，进行适当的自我心理和生理调节很有必要，应生活规律，饮食清淡，及时补水，预防中暑，平心静气，安然度夏。

教师研学篇

对于夏天的炎热，人们往往从夏至开始才真正深有感触。夏天的热浪，仿佛顷刻间便席卷了农科小院儿，偶尔刮起的风扫过院子的每个角落，却根本无法疏散多少热量。匆匆从炽热的太阳底下飞奔过的人，也忘不了抱怨几句："这个天好热哟，晒死人了。"

本次小暑节气的教师研学活动，由朱丹丹老师来组织开展，她带老师们一起感受小暑，学习小暑的节气文化。

灿烂的阳光穿过树叶间的空隙，透过早雾，一缕缕洒进我们的幼儿园。活动正式开始了，本次活动的主要内容是制作一个精美的驱蚊包，为家人及朋友带来夏季的一丝清香。朱丹丹老师为大家精心准备了制作驱蚊包的材料和工具，包括各种各样的布、手工流苏、木珠、绒皮绳、驱蚊药草等。

老师们按照朱老师介绍的步骤开始制作，首先选择自己喜欢的布，将它们用针线缝制成像小粽子一样的布包，再将流苏、绒皮绳缝在上面，接着放入驱蚊药草，再将木珠穿在皮绒绳上，最后用针线缝住布包封口，一个精美实用的驱蚊包就缝制完成了。

活动结束后，老师们将驱蚊包挂在车上或家里，帮助驱除夏季最大的烦恼之一——蚊子。这些漂亮的小布包，也成为老师们美好的夏至回忆。

——中国农业科学院附属小学附设幼儿班主题活动之送夏迎秋

五大领域主题活动网络图

各班组教师结合本班组孩子的年龄特点，梳理出小暑节气五大领域主题活动网络图。

语言领域
读绘本《二十四节气——小暑》：了解小暑节气的由来
学习儿歌《小暑节气歌》

社会领域
晒伏：了解和感受小暑节气习俗
赏荷花：观赏荷花，感受荷花的美

小暑

艺术领域
制作纸工作品《荷花》
创作创意画《莲藕》：用莲藕拓印并进行添画
绘画《蟋蟀》
用软陶泥制作《美味青团》

社会领域
荷花：了解荷花各部分名称及作用
认识昆虫蟋蟀：了解蟋蟀有关知识，并感受斗蟋蟀的乐趣

健康领域
保健医走进班：分享小暑节气美食和保健知识
头伏饺子：品尝小暑节气美食
尝新：品尝美味的"小暑粥"
防暑妙招：了解防暑降温的一些方法

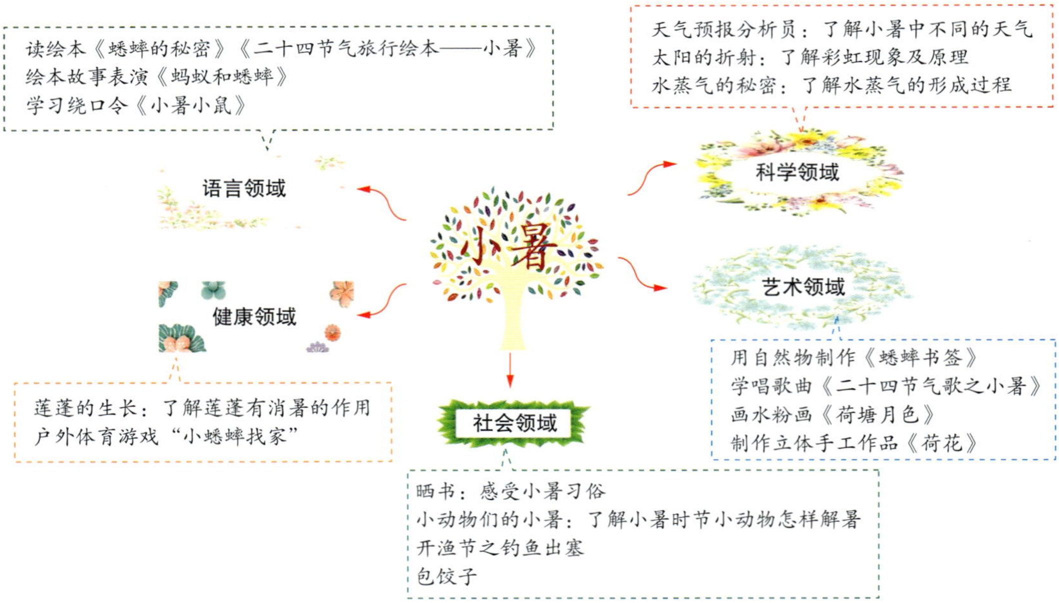

语言领域
读绘本《蟋蟀的秘密》《二十四节气旅行绘本——小暑》
绘本故事表演《蚂蚁和蟋蟀》
学习绕口令《小暑小鼠》

科学领域
天气预报分析员：了解小暑中不同的天气
太阳的折射：了解彩虹现象及原理
水蒸气的秘密：了解水蒸气的形成过程

小暑

健康领域
莲蓬的生长：了解莲蓬有消暑的作用
户外体育游戏"小蟋蟀找家"

艺术领域
用自然物制作《蟋蟀书签》
学唱歌曲《二十四节气歌之小暑》
画水粉画《荷塘月色》
制作立体手工作品《荷花》

社会领域
晒书：感受小暑习俗
小动物们的小暑：了解小暑时节小动物怎样解暑
开渔节之钓鱼出塞
包饺子

54

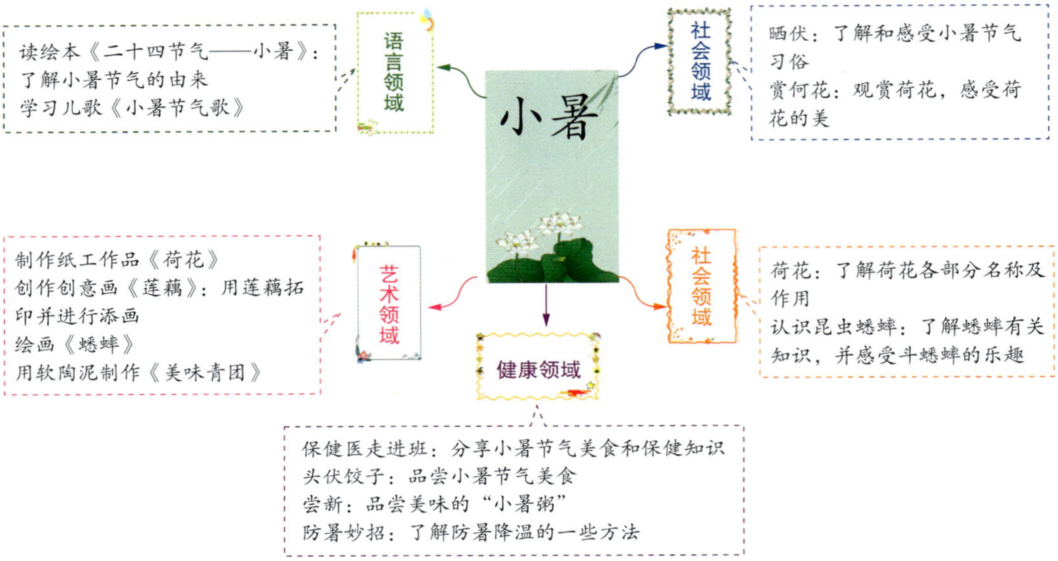

幼儿活动篇

艺术领域

我眼中的荷花

小班　闫　斐　崔　萌

小暑节气是荷塘泛舟赏荷、消夏纳凉的好时节。荷花开在小暑，绽放在我们的"农科小院儿"。

"一个小姑娘，住在水池塘，身穿粉红衫，生在绿船上。"我们通过谜语激发孩子们的兴趣。"我猜是荷花！""我们幼儿园里就有荷花。"在孩子们的提议下，我们来到小院儿里近距离欣赏荷花，带领孩子们一起了解荷花的生长特点，引导他们仔细观察荷花的不同部位，一同认识了荷花的花梗、荷叶、叶柄等，孩子们还纷纷用小鼻子去闻一闻荷花的味道。

"你们在什么季节见过荷花？在哪儿见到过？"孩子们和老师围坐在小院儿里，边欣赏边交谈。"我去圆明园公园的时候看到过荷花。""夏天时候有荷花。"孩子们积极地参与到讨论中。孩子们觉得荷花越看越美，便轮流和美丽的荷花合影留念。

——中国农业科学院附属小学附设幼儿班主题活动之送夏迎秋

欣赏完荷花后，我们回到班级中，孩子们想用不同形式表现荷花的美。绘画、剪贴，孩子们开始行动起来。"我喜欢粉色的荷花，我要画一个粉色的荷花。""老师，你看这是我画的荷花果实——莲蓬。""崔老师，你快看我的荷花，做得立体吗？"孩子们的荷花作品栩栩如生，亭亭玉立撑翡翠，一缕清香到天涯。

活动后，孩子们对荷花的热情并未减退，我们便将延伸活动放到区域游戏中，孩子们利用多种材料进行荷花主题的艺术创作，以表达对荷花的喜爱，孩子们心目中的荷花仙子们诞生于他们灵巧的小手中，绽放美丽，带来欢乐，也和孩子们一起感受着人间夏至的魅力。

甜甜的雪糕

小二班　张　萌

小暑到了。天气格外炎热，那我们怎样解暑避热呢？安吉说："老师，今天太热了，我都出汗啦！"小于说："老师，我也出汗了，我都想吃雪糕了。"一一说："张老师，我也想吃雪糕！今天真热呀！"原来孩子们心中的解暑法宝是那些冰凉可口的雪糕！

于是我们便组织开展了小暑节气艺术活动"甜甜的雪糕"，希望能为孩子们带来甜甜的快乐和一些凉意。我与孩子们共同商讨制作"雪糕"的材料，彩泥受到了多数幼儿的认可。

接下来，孩子们最关心的是雪糕的口味和形状。安吉说："老师，我想要做一个西瓜形状的雪糕。"雪儿说："张老师，我想做一个草莓口味的送给我的妈妈。"芝芝说："我要做一个正方形的小雪糕。"孩子根据自己的想法，参考平时见过的雪糕的样子，再加入自己的一些了不起的想象，很快就选择出了适合的彩泥，用一双巧手，将自己小脑瓜的想法成功地变成了可爱的现实——五颜六色、各式各样的彩泥雪糕。它们虽然不能吃，却同真的雪糕一样，给孩子们带来清凉、香甜与快乐。

哇！我们的二十四节气 ——中国农业科学院附属小学附设幼儿班主题活动之送夏迎秋

叶子蟋蟀书签

大一班　王子月

小暑节气到了，天气越来越炎热。在太阳的烘烤下，大家都觉得身上火辣辣的，有些小朋友变得有点蔫蔫的。为了激发孩子们的热情与活力，我们开展了户外观察与艺术创造相结合的有趣的小暑节气活动"叶子蟋蟀书签"。

大家先一起讨论确定了制作书签需要的原材料——叶子，随后孩子们便来到户外找寻自己心仪的小叶子。他们先为室外种植箱除草，然后从其中的各种植物中选取一片自己最喜欢的小叶子。原材料找到了，大家回到教室，开始创作自己的小书签。他们在纸上画出了一只只形态各异、活灵活现的小蟋蟀：它们有的在喝水，有的在睡觉，有的在嬉戏，还有的在找食物……叶

子是小蟋蟀最好的乘凉地,孩子们小心翼翼地将自己的小蟋蟀剪下来,然后仔细地在叶子上摆放好造型,然后用塑封膜进行塑封。就这样,每个人的叶子蟋蟀书签都已经基本成型了。

为了使自己的书签看起来更漂亮,有的小朋友们还给书签打个孔,然后用漂亮的丝带穿进去进行装饰。每个孩子的书签都创意满满、个性十足,希望他们能够好好收藏这枚独特的小书签,像聪明的小蟋蟀一样,不畏挫折,勇往直前!

——中国农业科学院附属小学附设幼儿班主题活动之送夏迎秋

语言领域

小 暑

中二班 刘 晶

小暑中的暑字即指炎热，小暑为"小热"，意指天气开始炎热，但还没到最热。尽管如此，夏意终究渐盛，而夏季最具有代表性的花卉便是荷花。于是我将一首包含描写荷花诗句的诗歌朗诵给孩子们听："荷叶莲花绽满塘，田间荡漾稻花香。太阳雨下蝉儿叫，酷暑耕夫作业忙。"

但是，我发现孩子们对这首诗不太理解，于是配上相应的图片进行荷花满池塘的景色描述，再耐心地讲解诗的含义。等孩子们明白了诗意，我便以此引出小暑节气的一些其他特征。在讲述"天气炎热"的时候，我请孩子们表达自己的有关经验和感受，和和说："天气热的时候我可以到室外去游泳，但有时候，水都是热热的。"这样一来，孩子们对小暑炎热这一特征有了更直接的认识。

荷花的美丽深深吸引着孩子们，朵朵说："小院儿里的荷花开了，我

们可以去看看吗？"其他小朋友也跟着说："我也想去看看。"在户外活动时间，孩子们观赏了小院儿里的荷花。朵朵说："荷花的颜色真好看，我最喜欢的粉色。"笑笑说："荷花的花瓣是一片一片的，比别的花的花瓣都大。六六说："我闻到了荷花的味道，淡淡的花香。"

在区域活动中，朵朵和六六选择了折纸活动，手巧的姑娘们把小小的彩纸变成了立体的小荷花，孩子们的自信心与成就感得到了满足，小暑荷花在孩子们的心中慢慢绽放！

蟋蟀来了

中二班　牛佳玉

小暑节气到了，天气愈发炎热。有一种小动物偏偏特别喜欢顶着大日头出来玩儿。在幼儿园的小院儿里，我们有时会听到窗外有"啾啾、啾啾"的声响，小朋友们便问："老师，是什么东西在叫啊？"孩子们很是好奇，于是我们开始了一场搜寻

——中国农业科学院附属小学附设幼儿班主题活动之送夏迎秋

行动……

最后,孩子们在砖石下发现了一个小家伙。"原来是蛐蛐啊,我爷爷家就有蛐蛐。"东东大声地告诉大家。回到班中,我们一起阅读了绘本《蟋蟀来了》,绘本通过生动简洁、充满童趣的语言,让孩子们更深入地了解了蟋蟀的特征及习性。六六说:"我看到蟋蟀的头上有两个触角,它们不一样长。"夏天说:"蟋蟀是棕色的,有的地方还是黑色的。它的腿有弹力,可以跳得很高呢!"孩子们积极地用语言去描述他们自己眼中的蟋蟀。孩子们还通过绘本了解到蟋蟀喜欢的地方:草丛中、石头缝里和土里。

在区域游戏时,美工区的小朋友自发地制作了小蟋蟀。孩子们选用棕色或黑色的笔画蟋蟀的身体,还在周围画出蟋蟀生活的场景。

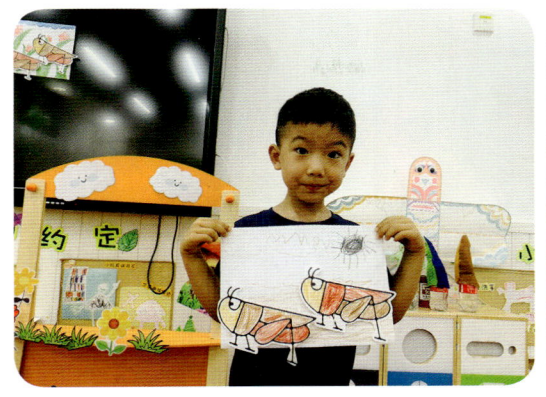

我还向孩子们分享了《诗经·七月》中描述蟋蟀的语句："七月在野，八月在宇，九月在户，十月蟋蟀入我床下。"我告诉孩子们，诗句中的八月指现在的农历六月，即小暑节气前后。由于炎热，蟋蟀离开了田野，到庭院的墙角下以避暑热。

这场围绕小蟋蟀的小暑节气语言领域活动，让孩子们在了解蟋蟀、了解小暑的同时，感受了语言的美感，提高了表达能力。就让我们在小院儿的石榴树下避暑乘凉，感受盛夏的阳光与热情！

小鼠小暑

大一班　孟雨

为了让幼儿了解我国传统文化，感受小暑节气的风俗习惯，结合幼儿语言发展特点，我们组织开展了小暑节气语言领域活动"小鼠小暑"，带领孩子们一同学习了绕口令《小鼠小暑》。

大班孩子特别喜欢朗朗上口的绕口令。我们将绕口令分为三段，每段的句式都很整齐，还具有一定的情节性，适合大班幼儿的年龄特点，有利于他们理解和学习。再借助一些生动形象的图片展示，孩子们很快就熟悉了这个绕口令，都能又快又顺地读下来甚至背下来了。然后，我们开始引导孩子们对绕口令中的内容和句式进行仿编，经过我们老师的示范和几次

——中国农业科学院附属小学附设幼儿班主题活动之送夏迎秋

练习，多数孩子便都能顺利地仿编绕口令了，这大大激发了他们学习和表达的兴趣，不断地编出令人惊喜的句子。最后，孩子们还拓展了话题，进一步开阔了思路。有趣的绕口令学习，让孩子们在欢乐中了解了小暑节气的特点变化，在笑声中认识了节气特点。

幼儿在形象有趣的活动中认识、了解了小暑节气的特色习俗。我们在活动中要积极地与幼儿互动，真正做到"教学润无声"。

销 夏

(唐)白居易

何以销烦暑,端居一院中。
眼前无长物,窗下有清风。
热散由心静,凉生为室空。
此时身自得,难更与人同。

大暑当是一年之中最炎热的节气。每年7月22日、23日或24日，太阳到达黄经120°时，进入大暑节气。古人将大暑分为三候："一候腐草为萤；二候土润溽暑；三候大雨时行。"意思是，进入大暑时节，萤火虫孵化而出，成群结队地在夜间飞行；这个时候的天气也变得更加闷热潮湿；并且时常会有较大的雷雨出现。

大暑与小暑一样，都是反映夏季炎热程度的节气，《月令七十二候集解》云："六月中……暑，热也，就热之中分为大小，月初为小，月中为大，今则热气犹大也。"进入大暑节气后，我国大部分地区都处于高温天气之中，气温高、湿度大，人的心气也最容易耗损，因此，这个节气人们需要摄入充足的蛋白质，还可适当多食用些清热、健脾、利湿、益气、养阴的食物，如莲子、百合、薏苡仁等，荷叶、冬瓜、西瓜、绿豆等也是不错的消暑选择。同时，要科学安排作息时间，尽量避免在烈日之下户外劳作。另外，有意识地调整情绪、适当运动，保持心绪安宁也十分重要。夏季入睡时间应以晚些为宜，此时一天的暑热时期已过，晚上较为清凉，容易入睡。起床时间可以适当早些，因为天亮的时间比较早，符合天人相应的养生之道。

大暑节气正值"三伏天"中的"中伏"，万分炎热，所以大暑节气的习俗多与防暑降温、祛暑养生有关，比如吃仙草、饮伏茶、晒伏姜、煎青草豆腐等。

教师研学篇

"小暑大暑,上蒸下煮"。大暑的到来预示着高温桑拿模式的正式开始。此时正值"三伏天"的"中伏"前后,是一年中最热的时期。"大暑热""秋后凉",度过炎炎大暑,凉凉秋意就在等着你啦。本次节气学习的活动,由吴铮老师组织开展。吴老师先带领老师们学习了大暑节气的有关知识,充分感受了大暑节气的文化与自然魅力。

大暑是夏天的最后一个节气,此时烈日炎炎、酷暑难耐。扇子是古时候消暑的必备品,于是老师们进行了"画扇面"活动。吴铮老师事先为大家准备了各种样式的空白团扇、各种尺寸的毛笔和颜色齐全的颜料。老师们都选择了自己最喜欢的扇子,在心中默默设计心仪的图样,片刻之后,便提笔作画,把在夏天留下的所有难忘记忆,以及对秋天的美好向往,都一笔一画精心描绘在扇面之上。老师们亲手绘制扇子,在这闷热的夏日为彼此送上丝丝清凉,更带来无限的快乐与祝福。

——中国农业科学院附属小学附设幼儿班主题活动之送夏迎秋

五大领域主题活动网络图

我园各班组教师结合本班组幼儿年龄特点，梳理出大暑节气五大领域主题网络图。

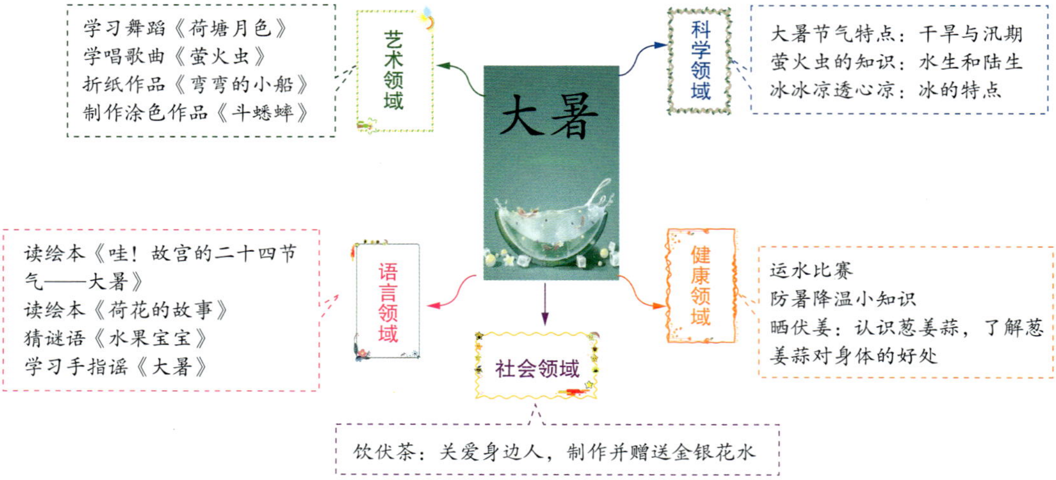

大暑

艺术领域
- 学习舞蹈《荷塘月色》
- 学唱歌曲《萤火虫》
- 折纸作品《弯弯的小船》
- 制作涂色作品《斗蟋蟀》

科学领域
- 大暑节气特点：干旱与汛期
- 萤火虫的知识：水生和陆生
- 冰冰凉凉透心凉：冰的特点

语言领域
- 读绘本《哇！故宫的二十四节气——大暑》
- 读绘本《荷花的故事》
- 猜谜语《水果宝宝》
- 学习手指谣《大暑》

健康领域
- 运水比赛
- 防暑降温小知识
- 晒伏姜：认识葱姜蒜，了解葱姜蒜对身体的好处

社会领域
- 饮伏茶：关爱身边人，制作并赠送金银花水

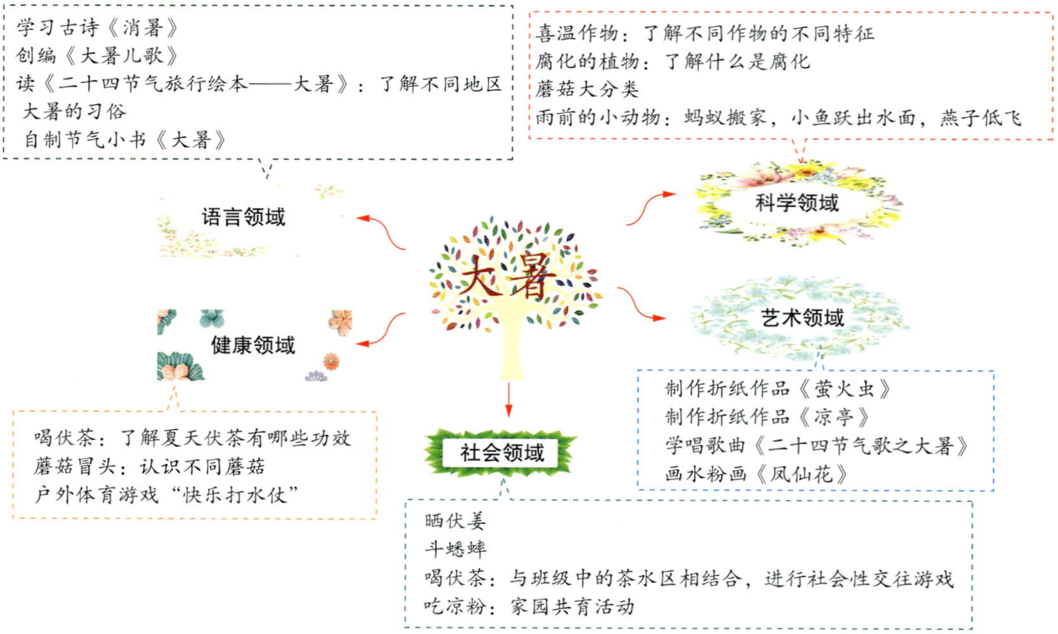

大暑

语言领域
- 学习古诗《消暑》
- 创编《大暑儿歌》
- 读《二十四节气旅行绘本——大暑》：了解不同地区大暑的习俗
- 自制节气小书《大暑》

科学领域
- 喜温作物：了解不同作物的不同特征
- 腐化的植物：了解什么是腐化
- 蘑菇大分类
- 雨前的小动物：蚂蚁搬家，小鱼跃出水面，燕子低飞

健康领域
- 喝伏茶：了解夏天伏茶有哪些功效
- 蘑菇冒头：认识不同蘑菇
- 户外体育游戏"快乐打水仗"

艺术领域
- 制作折纸作品《萤火虫》
- 制作折纸作品《凉亭》
- 学唱歌曲《二十四节气歌之大暑》
- 画水粉画《凤仙花》

社会领域
- 晒伏姜
- 斗蟋蟀
- 喝伏茶：与班级中的茶水区相结合，进行社会性交往游戏
- 吃凉粉：家园共育活动

幼儿活动篇

艺术领域

扇子画

中二班　刘　晶

大暑节气到了，此时是夏天最热的时候了。那么有什么可以解暑呢？有冰爽的饮料、雪糕，各种各样好吃的水果，当然，还少不了扇子。

我们搜集来一些在生活中不太常见的扇子，如羽毛扇、蒲扇、团扇、折扇、檀香扇。孩子们对扇子产生了很大的兴趣，提议制作手工扇子。于是我们便开展了大暑节气艺术领域活动"扇子画"。

小朋友们先在彩纸上画出一把小扇子，然后剪下来粘在另一张空白的纸上。接着，用剪纸和绘画两种方式，在小扇子的周围增添各种自己心目中最能为大家带来清凉的东西，这样，一幅好看的扇子画就制作完成了。和和说："夏天太热了，我要做一个扇子扇一扇，凉爽一下。"棒棒说："夏天到了，我家常常吃西瓜，西瓜可以解暑，所以我一口气画了三个西瓜。"糖豆说："我

——中国农业科学院附属小学附设幼儿班主题活动之送夏迎秋

做的扇子最大,像奶奶常常拿的荷叶扇,摇起来特别特别凉快。"妞妞说:"我画的西瓜红红的,水分特别多,肯定很好吃。"

通过本次活动,不仅提高了孩子们的动手和审美能力,体验到成功的快乐,还让孩子们了解到中国独特的扇文化,感受到传统文化的无限魅力。

夜空中的萤火虫

中二班 牛佳玉

大暑有三候,其中一候是腐草为萤,意思是每到大暑时节,由于气温偏高又有雨水,细菌容易滋生,许多枯死的植物潮湿腐化,到了夜晚,经常可以看到萤火虫在腐草败叶上飞来飞去寻找食物。在现在的城市中,孩子们对于萤火虫的印象少之又少。《3-6岁儿童学习与发展指南》中提出:和幼儿一起感受、发现、欣赏自然环境中美的事物。引导幼儿用自己的语言、动作等描述他们的美。由此我们开展了大暑节气艺术领域活动"夜空中的萤火虫",一起感受小小萤火虫的美丽。

我先在纸上画萤火虫,让孩子们猜一猜我画的是什么昆虫。当我画上一对圆圆的眼睛时,丸子说:"这是蜜蜂"。当我画上尖尖的翅膀时,和和说:"是蟋蟀吗?"当我在翅膀下画上小肚皮后,早早说:"难道是瓢虫?"直到我在

肚皮上涂上了亮闪闪的黄色，并说："它的肚皮会发光，而且在夜晚才能发光！"孩子们才惊喜地说："这是萤火虫！"

随后，我播放了萤火虫的视频，孩子们仔细地观察了萤火虫，然后便开始通过绘画的形式展示自己眼中的萤火虫。孩子们先画出一只只可爱的萤火虫，它们都有大大的眼睛、圆圆的脸蛋、灿烂的笑容，还有圆鼓鼓的会发光的小肚皮。画完萤火虫后，孩子们用水粉颜料画出美丽深邃的夜空，萤火虫就像一盏盏小灯笼一样在天空中飞行、闪耀。在绘画过程中，孩子们还发现：用蜡笔画的萤火虫，不会粘上水粉颜料，原因是蜡笔里的油和水粉颜料里的水不会融合，这个现象叫作"水油分离"。

在这炎热的大暑节气中，孩子们走进静谧凉爽的夜晚，寻几只闪亮快乐的萤火虫，伴着晚风一同翩翩起舞，一起感受这个世界的美妙与神奇！

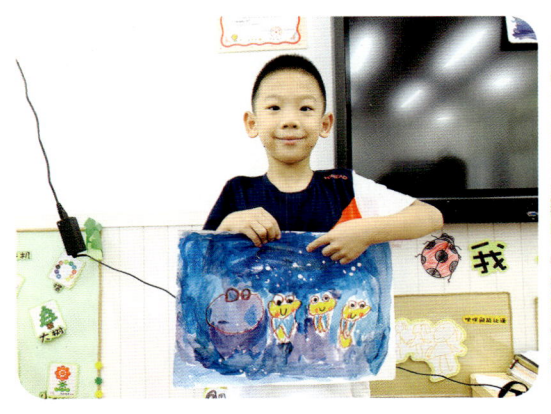
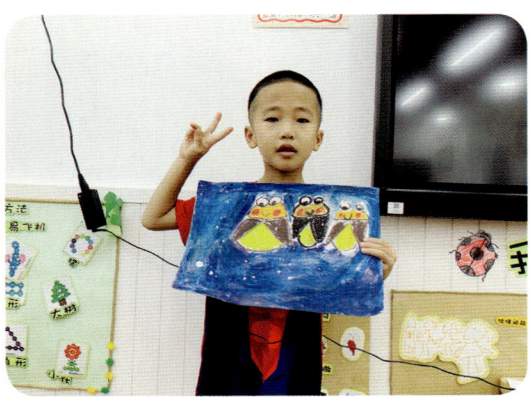

——中国农业科学院附属小学附设幼儿班主题活动之送夏迎秋

健康领域

水枪大战

大一班　孟　雨

七月进入大暑的节气，在这个骄阳似火的天气里，我们怎么防暑降温呢？在夏至的一次种植活动中，孩子们不小心把水弄到了身上，他们不仅没有争论对错，还意外地感受到一丝凉爽。有了这次凉爽的体验后，我们的"水枪大战"便应运而生了。

炎炎夏日，每个孩子对水都充满渴望与好奇，都期盼着能和小同伴在水的世界里尽情游戏。我们提前商讨了游戏规则与注意事项，在保证安全

的前提下，孩子们翘首以盼的"水枪大战"终于开战了。

孩子们雄赳赳气昂昂地带着水枪来到操场上，每个孩子都做了充分准备：穿上雨衣、戴上护目镜，还准备了备用衣物；不过最吸引眼球的，还是各式各样的水枪装备。"宝贝们！准备工作已完成，'水枪大战'马上开始！"我兴奋地喊道。"孟老师，我们已整装待发了！""看，我们的造型是不是很酷！"宝贝们都迫不及待地把水枪装满水，每一个小朋友都化身为勇敢的小战士，不畏"枪林弹雨"向前冲……每个孩子拿着一把水枪，嬉戏奔跑，你追我赶，玩得不亦乐乎。幼儿园一时间成了欢乐的海洋！

爱玩是幼儿的天性，老师应当为幼儿提供安全适宜的游戏环境，释放幼儿的天性，让幼儿充分享受游戏带来的快乐。本次活动不仅给孩子们带来了快乐、清凉的体验，还增进了老师、同伴之间的感情，更是为临近毕业的孩子们留下了一份美好的回忆。

——中国农业科学院附属小学附设幼儿班主题活动之送夏迎秋

社会领域

晒 伏

小一班 闫 斐

俗话说："小暑大暑，上蒸下煮。"大暑的到来预示着高温"桑拿"模式的正式开启。大暑节气也是传统的"洗晒节"，因为这时温度高，空气潮湿，物品很容易发霉。所以民间有晒书画的习俗，家家户户都会不约而同选择这一天"晒伏"，把存放在箱柜里的书画晾到外面接受阳光的暴晒，以去潮去湿、防霉防蛀。

我们也据此开展了大暑节气社会领域活动"晒伏"。活动这天，孩子们在老师的带领下，将班级里的书籍分类整理好，然后孩子们分工合作，每个人都搬上一摞书，运送到幼儿园的操场上，然后选择一块阳光充足的地方，铺好安全地垫，再将书小心翼翼放在上面进行晾晒。未来让每页书都尽可能被阳光照射到，孩子们把书页展开形成扇形立在地垫上，确保每本书都得到充分的消毒和保护。

通过活动，孩子们对大暑节气的"晒伏"习俗的内容和内涵有了更深的了解，并还收获到劳动带来的巨大快乐与成就感。

晒伏姜

大一班　王子月

三伏天时，人们会把生姜切片或者榨汁后与红糖搅拌在一起，装入容器中蒙上纱布，于太阳下晾晒，待其充分融合后食用，有驱热驱寒、加快血液循环等功效。据此，我们开展了大暑节气社会领域活动"晒伏姜"。

活动开始了，孩子们分成四个小组，组员自由分工与合作，有的负责切姜片，有的负责冲泡红糖水。负责切姜片的小朋友戴上小手套，取一块姜放在小盘子中，每切下来一片，就将其放进小竹筐中。随后，负责冲泡红糖水的小朋友先找到冲泡的杯子，接适量的温水，然后取少量红糖放入水中，并用筷子进行搅拌。最后，小朋友合作配合，将切好的姜片放入冲泡好的红糖水中进行搅拌，拿到户外进行晾晒。希望这样一杯伏姜能够为每一个宝贝驱走夏日的温热，带来一丝清凉与美好。

立秋

（宋）刘 翰

乳鸦啼散玉屏空，
一枕新凉一扇风。
睡起秋色无觅处，
满阶梧桐月明中。

每年的8月7日、8日或9日，太阳到达黄经135°时，进入立秋节气。古人将立秋分为三候："一候凉风至；二候白露生；三候寒蝉鸣。"意思是，过了立秋，刮风已不同于暑天中的热风，人们会感觉到凉爽；二候时，大地上早晨会有露珠产生；再过五天，寒蝉则感阴而鸣。

"秋"字由"禾"与"火"字组成，有禾谷成熟的意思，可见立秋意味着一个收获时日的到来。立秋也表示暑去凉来，气温由升温转向降温。立秋之后，三伏天的"末伏"才开启（末伏从立秋后的第一个庚日算起），此时太阳高度角依然较大，地面从太阳那里获得的能量还很多，因而民间有"秋老虎"之说。"秋老虎"发生时，高温持续、暑气难消，大家应密切关注天气预报，预防中暑。另外，立秋后昼夜温差大，容易引起腹部和下肢着凉，应注意保暖。

立秋时节，很多人会出现口干咽燥、皮肤紧绷的现象，还有人会对空气中飘散的花粉过敏。因此，一定要注意调节饮食，补充水分，增加维生素的摄入，适当选用滋养润燥、补中益气的食品；花粉过敏者应及时了解环境和天气预报，外出时做好防护。

立秋后，我国中部地区早稻收割，晚稻移栽，大秋作物（秋季收获的大田作物）进入重要的生长发育时期，对水分要求都很迫切，这时如果受旱会给农作物最终收成造成损失，所以有"立秋三场雨，秕稻变成米""立秋雨淋淋，遍地是黄金"的说法。另外，这个时期光照充足，有利于农作物营养物质的积累和产量的形成，因此，必须抓紧有利时机追肥耘田。

教师研学篇

立秋过后，天气就跟以往有所不同了。清晨，出门首先看到的就是天高云淡的晴空；而在这"热"与"凉"的当口，一早一晚天气格外凉爽。经过了难挨的酷夏，人们就要进入自己生命里的一个新的秋天了。

立秋节气正好也是老师们在家休息并调整身体的时间，在假期前，乔爽老师将立秋节气相应的食物"秋梨膏"送到了每位老师的手上，希望在之后的立秋节气教师研学活动时，和大家一起感受秋季美食带给我们的"舌尖上"的美好体验。

2021年8月7日，乔老师利用互联网线上会议分享的模式组织开展了立秋节气教师研学活动。大家认真准备了线上活动的感想发言，积极地交流，从而使老师们更好地了解了立秋的习俗，感受到中国传统文化的魅力。

最受大家欢迎的活动环节当属立秋美食分享，那一道道节气美食，仿佛隔着屏幕也能闻到香味，令人馋涎欲滴。立秋时，我们不仅要吃美味的红烧肉来贴秋膘，还应吃一些保护脾胃的食品。刘老师分享给大家一道美味的山药汤，能促进脾胃消化，缓解脾胃虚弱。制作方法很简单，放油将西红柿炒熟，然后放入水和山药，水开后放入鸡蛋液以及西兰花，煮熟后最后放入盐和香油。这道菜受到了老师们的共同称赞，纷纷表示要亲自尝试制作。

金秋送爽，丹桂飘香，秋色宜人，谷物丰收。活动的最后，乔老师温馨提示大家要注意天气变化，及时添衣保暖。

哇！我们的二十四节气　　——中国农业科学院附属小学附设幼儿班主题活动之送夏迎秋

五大领域主题活动网络图

各班组教师结合本班幼儿年龄特点，梳理出立秋节气五大领域主题活动网络图。

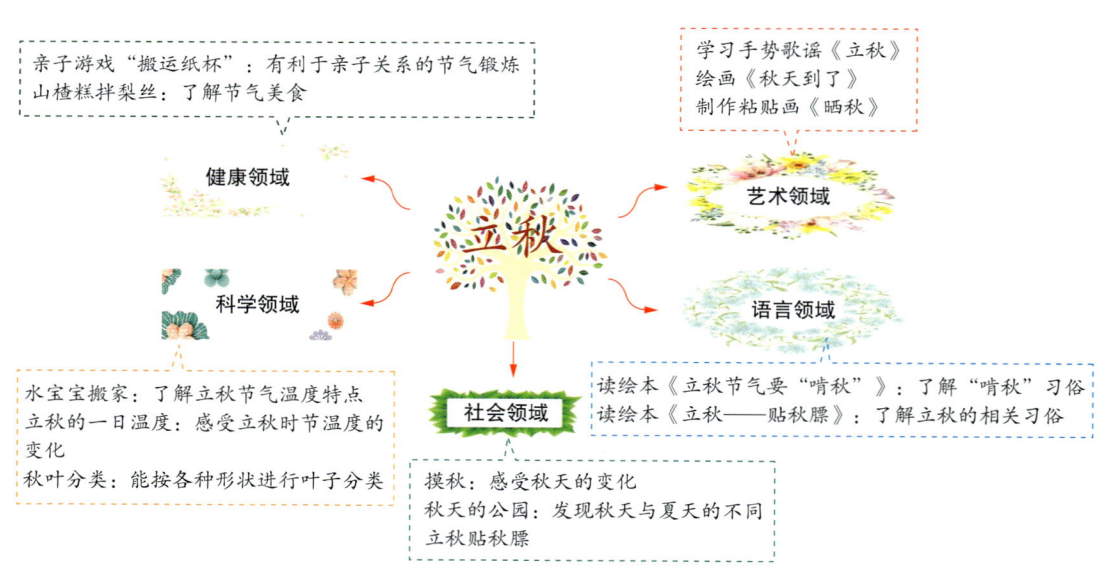

幼儿活动篇

艺术领域

小西瓜

中一班 孟 雨

"啃秋"的寓意在于炎炎夏日酷热难熬，时逢立秋，将其咬住，咬走秋老虎，迎来清凉的秋天。啃秋主要啃的是西瓜，所以在欢乐的假期，我们组织开展了立秋节气艺术领域"线上"活动"小西瓜"。

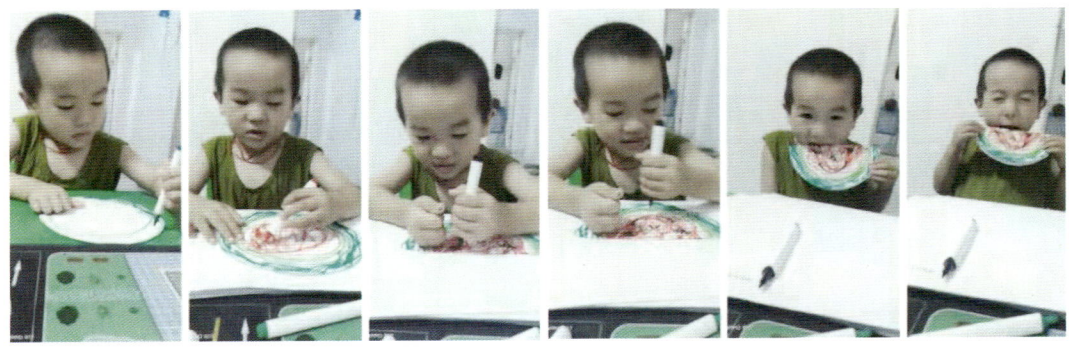

我们在"线上"携手家长向小朋友介绍立秋的特点，让孩子们知道，立秋是秋天的第一个季节，但是此时天气也还是很热的，有"秋后一伏"之说。所以立秋节气有啃秋的习俗，寓意为将秋牢牢咬住，期待凉爽天气的到来。

然后，我们将事先拍摄的手工小西瓜的制作步骤小视频分享在班级微信群中，孩子们通过一遍观看视频一遍亲自动手学习制作小西瓜。

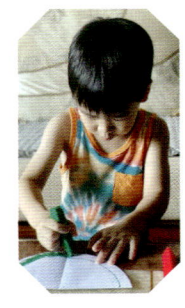  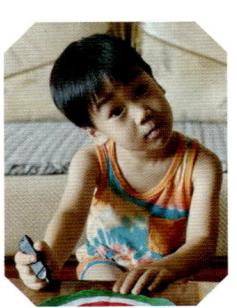

先用彩笔在纸上画一个圆，在最外侧涂上一圈绿色，然后空出一圈不涂色，其余部分涂上鲜艳的红色，最后在红色部分点上黑点点，就是西瓜子了。最后将这个圆形剪下来，再根据自己的喜好将它剪开形成半圆形或扇形，一个个切开待人品尝的小西瓜就做好了。孩子们调皮地将这些亲手制作的小西瓜捧到嘴边，假装啃西瓜，开心极了。家长们纷纷表示，虽然孩子们现在放假在家，但是却能像在幼儿园一样，了解到节气知识，真的很感谢老师提供的精彩活动。有孩子说："在视频里能看到孟老师，我好开心，我做的小西瓜和孟老师的一样甜！"

孩子们和家长朋友的反馈，给了我们很大动力，希望通过我们的努力让孩子们学习到更多节气知识，将中国传统文化代代相传！

美丽的菊花

中二班　崔　萌

菊花是中国的传统花卉，花形艳丽，盛开时十分壮美，立秋是欣赏菊花的最佳时节之一，为了让孩子们了解菊花，我们组织开展了立秋节气艺术领域活动"美丽的菊花"。

本次活动通过"线上"的形式进行，孩子们通过我们分享在班级微信群中的动画视频、图片等认识了菊花，了解了菊花有不同的形状、不同的颜色，并跟随教学视频自学手工菊花的制作方法，有的孩子还对视频中的制作方式

进行了一些创新。没过多久，孩子们便纷纷将自己的手工菊花作品分享到微信群中。只见孩子们采用剪、折、粘贴、涂色等多种方式制作出各式各样五彩缤纷的美丽菊花，有的小朋友还利用一些废旧物当花瓶，小小的微信群一时间成了花的海洋。

这个小小的立秋节气活动，激发了孩子们的学习兴趣，培养了他们不怕困难、专注、有耐心等优秀品质。节气系列活动还在继续，我们将继续与孩子们一起走进节气、了解节气，感受节气智慧与魅力。

——中国农业科学院附属小学附设幼儿班主题活动之送夏迎秋

晒 秋

中二班 李杉杉

夏已尽，秋已至。立秋节气拉开了秋天的帷幕。此时，田间硕果累累，麦穗金黄，农民的脸上洋溢着幸福的笑容。临近九月，天气微凉，有些地方有晒秋的习俗，于是我们组织开展了立秋节气艺术领域"晒秋"。

我来到婺源体验晒秋习俗，沉浸在美丽的秋色中。由于正在暑假中，我通过班级微信群分享了一个关于晒秋习俗的视频。视频带领孩子们一起走进中国最美乡村之一——婺源篁岭。晒秋是篁岭的代表性景致，由于篁岭地区没有很多空地可用于晾晒当季收获的农作物，所以村民们会在窗外架上晒杆，把作物放在上面进行晾晒，从而形成了壮观华丽的民俗景观，也被称为"最美中国符号"。春晒水笋、夏晒山珍、秋晒果蔬、冬晒乡俗，不同的时节，不同的色彩，故而又称"四季晒秋"。

孩子们深深地沉浸在探索晒秋的美丽景色中。球球说："晒秋太美了！"一一说："我也想去婺源看一看晒秋……"那我们怎样留住这美丽的晒秋景色呢？小茶说："我们把晒秋的景色画下来吧！"我表示赞同，鼓励孩子们用画笔自由创作晒秋景色。

孩子们纷纷行动起来，绘制出一幅幅美丽的秋景。有的小朋友画了极具婺源篁岭建筑风格的大房子，窗外晒着收获来的各种作物，周围满是果实累累的大树，满眼金色与红色，正是丰收季节的独特色彩，充满了喜悦与勃勃

生机。有的小朋友细致描画了各种晒秋作物，五颜六色的粮食、蔬菜被装在一个个圆圆的大笸箩中，象征圆满与幸福。

通过此次活动，孩子们亲身体验、沉浸式地了解了立秋节气的习俗，充分感受到了收获的喜悦，以及艺术创作的快乐与成就感。

蝉

大二班 刘 晶

立秋时节，万物开始从繁茂成长趋向萧索成熟。

立秋的一候和三候分别为"凉风至""寒蝉鸣"，意思是立秋过后，刮风时人们会感觉到凉爽，此时的风已不同于夏天中的热风，并且在秋天感阴而鸣的寒蝉也开始鸣叫了。结合这一自然现象，我们组织开展了立秋节气艺术领域活动"蝉"。

哇！我们的二十四节气
——中国农业科学院附属小学附设幼儿班主题活动之送夏迎秋

我们采用"线上"的方式来进行活动。孩子们根据我们分享在班级微信群中的教学视频，学习制作纸蝉。可馨小朋友在家动手制作了可爱的蝉，她在班级群中通过照片分享了自己的作品，并配文：我制作了两只蝉，希望它们是好朋友。

小尧看到了可馨制作的蝉，也亲手制作了一只，并且找出家中废旧的绳子，把这只蝉变成了一只会爬的小可爱，他说："蝉爬到高高的地方就能晒到更多阳光了。"

在活动中，孩子们了解了立秋后天气渐冷、蝉会鸣叫的特点。通过节气知识的引领，孩子们在感受天气变化的同时，也更多、更细致地观察和了解到我们周围的事物、生物，参与活动的积极性更高了！

银杏叶

大二班　牛佳玉

秋风吹过,秋叶纷纷,叶子一片一片飘落在地上,带着秋天独有的魅力,渲染着大地的金黄。我们感受到清凉的空气,欣赏着金黄色的树叶,这是秋天独有的馈赠。

暑假期间,孩子们在班级微信群中分享了"寻秋"的活动照片,像扇子一样的银杏叶出镜最多。于是,我们遵循孩子们的兴趣点,开展了立秋节气艺术领域活动"银杏叶"。

活动中,手巧的和和小朋友在家中当起了小老师,带着她的妹妹一步一步制作:首先剪出银杏叶的形状,然后用黄色或浅绿色的颜料为小叶子增添秋天的色彩,再用黑色的水彩笔描边,一片可爱的银杏叶就制作好了。她们

——中国农业科学院附属小学附设幼儿班主题活动之送夏迎秋

还在纸上画出很多树枝,然后将剪好的小叶子一片片贴在树枝上,不一儿,干枯的树枝便枝繁叶茂、生机勃勃了!和和还给每片银杏树叶都加上了叶脉,这使小叶子看起来更加逼真了。

其他小朋友也都创作出属于自己的美丽银杏叶,微信群里充满了秋天的色彩与味道。

在这个收获的季节里,让我们伴着银杏树叶清清淡淡的芳香,一同收获自己甜甜的"果实"吧!

健康领域

贴秋膘

中一班 闫 斐

立秋是秋季的第一个节气,是夏秋之交的重要时刻,这一时期降水、湿度等处于一年中的转折点,因此,古人一直非常重视这个节气。立秋昼夜温差大,经过数月炎热的消耗,人们的身体往往会有些虚弱,抵抗力难免会有所下降。立秋节气正好在放暑假期间,于是我们组织开展了立秋节气健康领域活动"贴秋膘",请家长给孩子们进补一下。

我们在班级群中分享了美食推荐小视频,请家长们通过视频学习,在家中进行一次立秋美食制作活动。活动成果分享这天,班级微信群里热闹非凡,家长们通过照片、视频等方式展示各自的厨艺,原来每位家长都是美食大咖

啊！听到孩子们发来的活动感想语音消息，我们能深切感受到孩子们发自内心的喜悦。

一次立秋节气的美食制作，一次分量十足的美食大餐，再一次拉近了老师与家长、幼儿的距离。即使在假期中，我们也能一同感受节气活动带来的浓浓爱意。

社会领域

一起来"摸秋"

大一班　王子月

立秋节气代表着秋天的开始。《指南》指出，大班幼儿能够通过观察、比较与分析，发现不同种类物品的特征或某个事物的前后变化，在探究中认识周围的事物和现象。这时正值暑期，于是我们开展了家园共育式的立秋节

——中国农业科学院附属小学附设幼儿班主题活动之送夏迎秋

气社会领域活动"一起来'摸秋'"。请家长们利用假期时间，带孩子在立秋时节到田地里或大棚中观察作物、采摘蔬菜。

孩子们很喜欢这样的户外活动，他们快乐地在田中穿梭，好奇地看看这、瞧瞧那，用小手摸摸叶子，用小鼻子轻轻地闻闻果实气味。孩子们惊奇地发现，有的作物果实长在土里，有的长在树上，有的长在藤上，有的藏在叶子里……

在活动中，孩子们真正地亲近大自然，亲自动手去触摸，认知农作物的外形特点；亲手去采摘，亲自将采摘的成果运回家，全程尽量去独自完成，不仅收获了很多有关立秋节气的知识，还增强了孩子们的独立性及探究能力，同时增进了亲子关系。

处暑在每年的 8 月 22 日、23 日或 24 日，此时太阳到达黄经 150°。"处"有躲藏、终止的意思，"处暑"表示炎热的夏天即将过去，此后我国长江以北地区气温逐渐下降，多数地区雨季将结束，降水逐渐减少。

古人将处暑分为三候："一候鹰乃祭鸟；二候天地始肃；三候禾乃登。"意思是，老鹰开始大量捕猎鸟类；万物开始凋零；黍、稷、稻、粱等农作物开始成熟。

处暑时节气温开始走低，忍受了多日酷暑煎熬的人们，终于盼来了凉爽的秋天，但是我国南方许多地区这个时期还会经常遭受"秋老虎"的困扰。处暑时节，气温进入了显著变化阶段，总的来看，白天热、早晚凉，昼夜温差大，降水少，空气湿度低。因此，要提早预防呼吸道疾病、肠胃炎、感冒等发生，保持清淡饮食，适当加强锻炼，保证睡眠充足，预防秋乏秋燥。

处暑节气前后的民俗多与祭祖及"迎秋"有关。旧时民间从农历七月初一起，就有"开鬼门"的仪式，直到月底"关鬼门"为止，会举行放河灯等活动。对于沿海渔民来说，处暑以后是渔业收获的时节，每年处暑期间，在浙江沿海一带都要举行盛大的开渔仪式，欢送渔民开船出海。处暑之后，秋意渐浓，不妨去看云、登高，畅游郊野，迎秋赏景。

教师研学篇

2021年8月20日，张屹老师组织开展了处暑节气教师研学活动。

处暑意味着夏季那种酷热难熬的天气到了尾声，这期间天气虽热，但已呈下降趋势。处暑节气处在短期回热天气（秋老虎）期内，每年秋老虎的时间长短不一，一般为半个月到两个月。张屹老师温馨提示老师们：要注意根据天气变化增减衣物，还要注意预防秋燥。

接下来是令人期待的教师分享环节，分为三个部分。

首先是美食分享环节，刘晶老师分享了红糖糯米藕，李杉杉老师分享了冰糖雪梨，崔萌老师分享了饮品酸梅汤，都是由老师们亲手制作，也都十分适合处暑时节食用或饮用。

第二部分是节气诗词分享环节，张屹老师对古诗《山居秋暝》进行了赏析，孟雨老师进行了处暑诗词手势舞的分享，范围老师分享了处暑的十条谚语。中国古典文学和民间文学充分展现了传统的二十四节气文化中所蕴含的无限智慧与美感。

最后是品茶分享环节，闫斐老师分享了处暑饮桂花茶的感受，乔爽老师分享了处暑饮花茶的感受，节气茶饮与节气美食一样，都体现了节气养生的智慧。

处暑即将来临，张老师祝愿大家更加快乐，开心的笑声不断；更加幸运，事业生活都美满；更加健康，身体棒棒青春常驻！

——中国农业科学院附属小学附设幼儿班主题活动之送夏迎秋

五大领域主题活动网络图

各班组教师结合本班组幼儿年龄特点，梳理出处暑节气五大领域主题活动网络图。

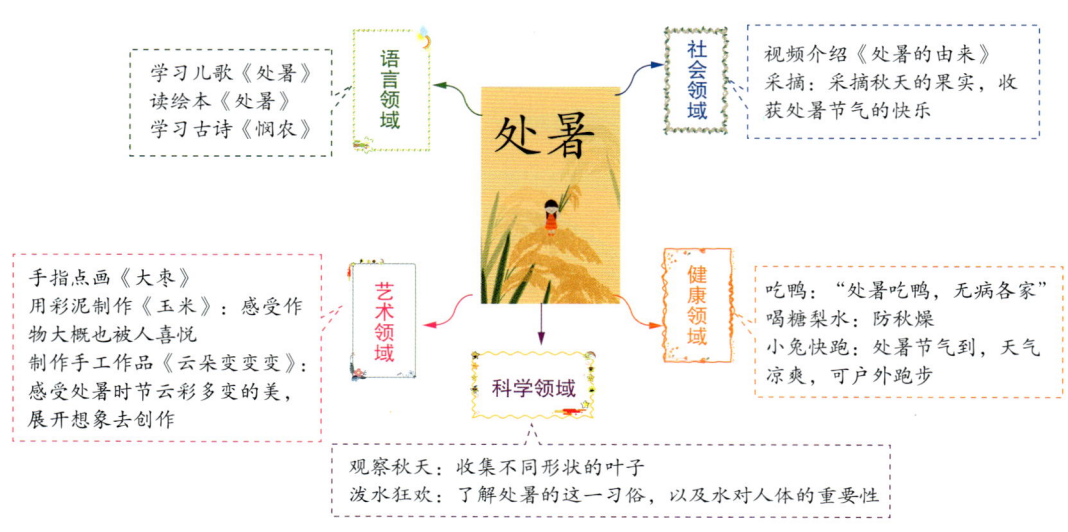

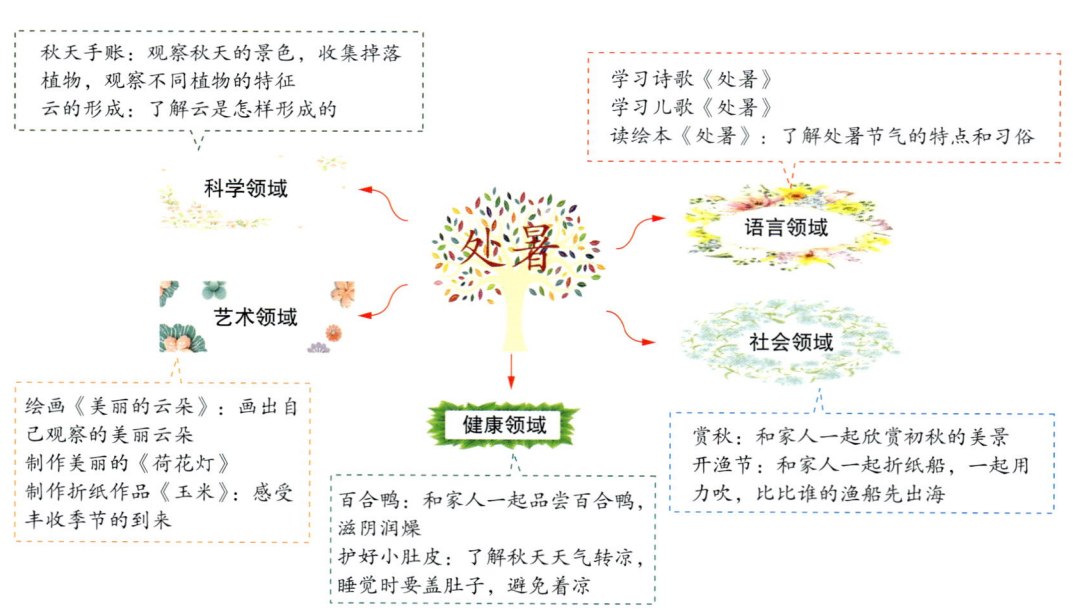

幼儿活动篇

艺术领域

开渔船

大二班 刘 晶

处暑节气的民俗活动很多，如吃鸭子、放河灯、开渔节、煎药茶、拜土地公等。其中，开渔节是中国一些沿海地区的处暑习俗。处暑以后是渔业收获的时期，因此，渔民们会举行多种形式的活动，如举行祭海仪式、开船仪式等，欢送渔民出海，期盼渔业丰收，即为开渔节。虽然我们身处的地方不沿海，但可以通过游戏的方式让孩子们了解这一习俗，于是我们组织开展了处暑节气艺术领域活动"开渔船"。

我们在班级微信群中向大家介绍了开渔节的习俗，然后分享了折纸船和开渔船游戏的方法。小尧亲手制作了两条漂亮的小纸船，然后邀请爸爸和他共同玩开渔船的游戏。在游戏中，他用力吹渔船，用手帮助小船航行，

——中国农业科学院附属小学附设幼儿班主题活动之送夏迎秋

希望自己控制的那条小渔船先出海，赢过爸爸。希希也在家做了两艘漂亮的渔船，他还加入了自己的想法，将家里的一些彩色小球放在了船里，希望它满载而归。但是在游戏的过程中，他却发现加入彩球的船在水中开始向下沉。看到这个现象，他继续往船里加彩球，发现球加入得越多船就下沉得越快，到最后小船整个沉没了。

孩子们在进行手工制作和游戏探索的过程中，对处暑开渔船的习俗有了更深的了解和印象，还提高了动手能力和科学探究能力，又是一个收获满满的日子！

云朵海绵画

大二班　牛佳玉

不知不觉，我们迎来了秋天的第二个节气——处暑。虽然小朋友们还在快乐的假期中，但是参与节气活动的热情并未减退，我们开展了有趣的"线上"处暑节气系列活动。

处暑时节秋意渐浓，由于气压、温度和风的变化，天上的云彩也显得疏散而自如。于是，我们开展了处暑节气艺术领域活动"云朵海绵画"。

活动分为两个阶段开展。第一阶段，我们先请孩子们在户外活动中将美丽的云彩用相机记录了下来，然后在班级视频见面会上进行分享。笑笑说："我拍下了一个棉花糖云朵，你们看！"小添接着分享："大家好，我眼中的云朵像白雪一样白，有的长得像皇冠，有的像小狗，是不是很可爱！"……

分享过后，我问道："小朋友们，除了拍照，你们想一想，还可以用什么方式把云朵记录下来呢？"孩子们积极地表达了自己的想法，有的说："可以拿水彩笔画下来。"有的说："我觉得云朵是软绵绵的，我想用颜料画云朵。"还有的说："我想做剪贴画，我可以剪出不同形状的云朵，因为天上的云朵是不停变化的！"我肯定了每个孩子的创意。

之后，我们围绕"云朵"主题，开展了第二次"线上"活动。首先，我为孩子们展示了云朵海绵画的制作步骤及最终作品。孩子们看了之后，都特别感兴趣，纷纷在家中寻找生活中的海绵，并将海绵剪成不同形状来表示云朵的各种变化形态，然后粘贴成可爱的云朵海绵画。之后，我们也将孩子们的其他创意想法作为延伸活动内容，制作了各种形式的云朵画作。

孩子们通过观察自然现象，主动寻找身边的工具进行艺术创作，得到了亲自动手创作的快乐体验，从而令处暑节气中表现出的自然特点更容易被他们记住。我们老师会继续探索更多适宜幼儿的节气活动，让孩子们更好地认识节气、了解节气。

健康领域

拍球通关

中二班　崔　萌

民间有句老话："夏过无病三分虚。"夏秋交接之后，身体很容易倦怠、乏力，但是通过运动能增强心肺功能，促进全身血液循环，还能把血液中的

"坏物质"代谢掉。

处暑节气，天气逐渐凉爽，户外体育游戏是孩子们最喜欢的活动之一，也是增强幼儿体质的好方法。于是，我们设计了处暑节气健康领域活动"拍球通关"。由于处暑节气正值暑假，所以我们将游戏的示范视频分享到班级微信群中，激发孩子的锻炼兴趣，在家长的带领下，孩子们开始体验拍球游戏。

通过家长发来的照片与视频，我们看到小朋友们掌握了很多拍球技巧，比如：在单手拍球时，两脚分开与肩膀同宽，腰弯下一点点，用掌心用力"按压"球，这样更容易接到球，不会把球拍丢。孩子们最喜欢的方式是左右手拍球，看来小家伙们都很喜欢挑战高难度呢。在练习拍球的过程中，孩子们还发现，拍球的时候，眼睛和身体要始终跟着球移动，这样手脚动作也能够更加协调。家长们纷纷反馈：一个小小的篮球，能够玩出大大的乐趣！不仅锻炼了孩子们的身体，还增强了他们的专注、坚持和勇于挑战的精神。亲子游戏是儿童游戏的一种重要形式，也是家庭内成人与幼儿交往的重要形式，有益于家长和孩子之间的情感交流。密切的亲子关系可以促进幼儿身体生长以及各个感官的发展。在这个假期中，大家在室外活动中感受处暑节气凉爽气候的同时，也收获着亲子互动带来的喜悦与幸福。为我们的这次处暑节气活动点赞！

语言领域

手势儿歌《处暑》

中一班 孟 雨

处暑，即为"出暑"，是炎热离开的意思。一场秋雨一场凉，此时大部分地区的气温开始逐渐下降。此时秋高气爽，小朋友都感觉舒服了很多，那就让我们动起来吧！

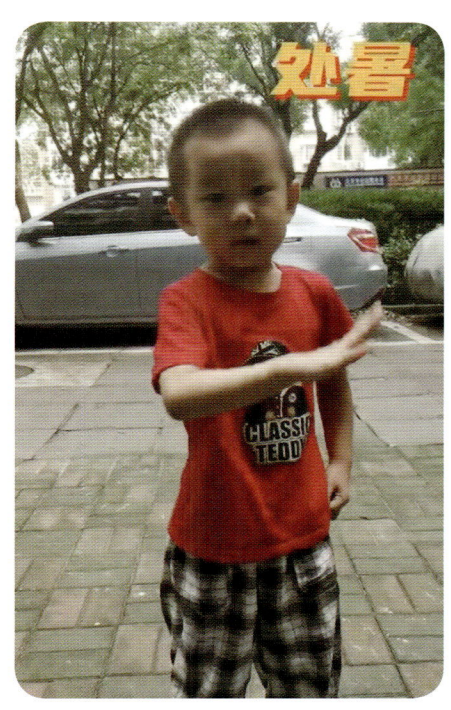

"处暑微风阵阵凉,葵花朵朵向阳光。如今已到丰收日,家家户户满地黄……"孩子们伴着《处暑歌》边唱边舞。"这个手势是葵花,这个代表丰收……"孩子们通过学唱节气手势儿歌《处暑》,不仅感受到歌唱和舞蹈带

——中国农业科学院附属小学附设幼儿班主题活动之送夏迎秋

来的快乐，更是掌握了处暑节气的气候、物候、习俗等知识，有的小朋友还在家中教爸爸妈妈唱。瞧，孩子们是不是都做得有模有样？

就这样，我们和孩子们一起在暑假中度过了处暑的快乐时光，做到了在玩中学，在学中玩。活动得到了家长们的支持与认可，家长们积极帮助孩子们根据我们提供的儿歌视频进行自学。孩子们个个态度认真，学得有模有样，我们也及时给予他们鼓励和表扬。在家长和幼儿园的共同努力下，做到了真正的"家园共育"，我相信孩子们一定会更好地成长。

读绘本《落叶跳舞》

中二班 李杉杉

人间最美处暑秋，一帘秋影入檐长。夏去秋来清风至，微风吹动叶儿飞。

夏末秋初，天蓝得不可思议，红的枫叶、黄的银杏随风起舞。遇到《落叶跳舞》的那一刹那，我发现了一个小秘密：原来树叶中有这么多故事。

假期中，我们通过班级微信群向孩子们推荐了《落叶跳舞》这本绘本，和孩子们一起走进处暑，看一看落叶是怎样翩翩起舞的……

缤纷的落叶是处暑的开端，绘本用生动有趣的语言讲述了落叶跳舞的故事。除了落叶，绘本中还出现了大自然中各种各样的可爱生灵：云山雀、猫头鹰、咕咕猫、小雪人、红樱桃、板栗子……最美的是由各种树叶组成的动物、昆虫等，他们拥有世间最丰富的表情，惊讶、镇定、迷茫、陶醉、期待、享受、得意、忧郁、开心……这些秋日里的小精灵，在秋风中手挽手、肩并肩，对着秋天嬉笑，和着风儿一起舞蹈。

欣赏了《落叶跳舞》绘本后，纷纷对我说："老师，叶子小精灵太有趣了！"绘本中可爱的叶子小精灵已深深地印在了孩子们的头脑中，大家纷纷走出家门寻找叶子小精灵。我结合幼儿的兴趣，开展了制作可爱树叶小精灵的手工活动。孩子们找来各种各样的树叶贴在纸上，利用树叶本来的形状、颜色和纹理，发挥想象力，用彩笔进行加工创作，使普普通通的树叶变成了游来游去的小鱼、憨态可掬的小恐龙，或为小动物们穿上了漂亮的叶子衣裳，它们便是属于孩子们的叶子小精灵。当分享自己的叶子小精灵时，孩子们语言表达的欲望再次被激发，于是大家开始一起创作属于我们自己

——中国农业科学院附属小学附设幼儿班主题活动之送夏迎秋

的处暑儿歌，表达对秋天的赞美：秋风秋风吹吹，树叶树叶飞飞，好像一只蝴蝶，飞到空中追追。

孩子们在这次活动中，运用了多种感官感受处暑、感受秋天，表达了对秋天的深深喜爱。

社会领域

出游迎秋

大一班　王子月

"处暑"过后，秋意渐浓，正是人们畅游郊野，迎秋赏景的好时节。《指南》指出，大班幼儿要能够在探究中认识周围的事物和现象，初步了解人们生活与自然环境的关系，知道尊重和珍惜生命，保护环境。

大一班的小朋友们在家人的陪伴下，进行了有意思的处暑节气社会领域"出游迎秋"，用他们充满好奇和童真的双眼去发现秋天的变化与特点。他们有的去了动物园，有的去了小河边，有的去了小竹林，还有的去了农民伯伯的小果园……孩子们发现，叶子颜色变深了，农作物成熟了，天气也变得没那么热了，傍晚时还会觉得有些凉飕飕的……

云一淡一轻，风一清一凉。孩子们感受着处暑节气带来的舒适与轻松，和夏日说再见，迎接金秋的到来！

白露

（唐）杜甫

白露团甘子，清晨散马蹄。
圃开连石树，船渡入江溪。
凭几看鱼乐，回鞭急鸟栖。
渐知秋实美，幽径恐多蹊。

白露在每年的9月7日、8日或9日,此时太阳到达黄经165°。《月令七十二候集解》云:"水土湿气凝而为露,秋属金,金色白,白者露之色,而气始寒也。"可见白露是反映自然界气温变化的节令。进入白露之后,气温较前期继续下降,天气转凉,早晨草木上有了露水,此时人们会明显感觉到炎热的夏天已过,凉爽的秋天已经到来。

　　古人将白露分为三候:"一候鸿雁来;二候玄鸟至;三候群鸟养羞(同馐)。"意思是,排成"一"字或"人"字队形的大雁陆续南飞;屋檐下的小燕子也要辞别旧居,飞往南方栖息地越冬了;留在北方过冬的鸟儿们开始增生羽毛,贮存干果粮草,搭枝筑巢,准备过冬。

　　白露时节昼夜温差大,因此,要注重耐寒锻炼,预防感冒。在饮食上也要更加慎重,不可一味地强调"贴秋膘",宜以清淡、易消化且富含维生素的食物为主。另一方面,也要预防秋燥,多吃梨、百合、银耳等食物。

　　白露节气的民间习俗也不少,太湖畔的渔民会举行祭禹王的香会,福州人必吃龙眼,南京人青睐喝白露茶,苏浙一带的人们则酿白露米酒待客。

教师研学篇

九月开学季,我们迎来了白露节气。带着初秋的凉风和回归岗位的热情,幼儿园的老师们在闫斐老师的带领下开展了白露节气教师研学活动,大家一起来认识和了解白露。

白露节气是典型的秋季气候,预防秋燥的方法有很多,食疗是最好的方法。品菊花茶、食番薯是此节气不错的选择。

老师们对于思维导图的绘制已经得心应手,经过一个假期的提升和学习后,大家描绘出了更加精致的思维导图,一起分享共学。不同的是,在本次学习中,我们采取了世界咖啡学习模式。老师们分成三组进行思维导图的绘画书写,制作完成后留下一名讲解员驻守自己小组的"咖啡店",其他老师则轮流学习分享其他组的导图成果。新的学习方式带来了更好的学习效果,老师们都比往次活动收获了更多的节气知识和活动创意。

"白露凋花花不残,凉风吹叶叶初乾。"大自然不断地将种种惊喜和美好奉献给世界,等着我们去发现和欣赏。幼儿园的石榴渐渐红了,明媚的阳光和孩子们的欢声笑语填满了农科小院儿的每个角落,希望小院儿的每个宝贝、每个老师都能带着温暖和微笑尽情享受白露——这个"胜却人间无数"的好时节。

——中国农业科学院附属小学附设幼儿班主题活动之送夏迎秋

五大领域主题活动网络图

各班组教师结合本班组幼儿年龄特点，梳理出白露节气五大领域主题活动网络图。

健康领域
- 品尝美味梨水：了解梨水对人身体的好处
- 品菊：了解菊花的健康功效
- 天冷要穿衣：了解应随天气变冷增加衣服

艺术领域
- 制作小书签《菊花、桂花、小菊花》
- 用不同方式制作手工作品《美丽的菊花》
- 欣赏音乐《落叶》

科学领域
- 种植水培、土培红薯：学习对比观察
- 小小气象员：通过认真观察，准确进行天气预报
- 认识桂花：了解桂花的有关科学知识

社会领域
- 收集露水：通过收集露水了解白露的习俗
- 赏菊：了解菊花，感受菊花的美丽
- 老师我爱您：用不同种方式表达对老师的敬意

语言领域
- 读绘本《二十四节气——白露》：了解白露节气
- 学习诗词《新秋》
- 学习手指谣《白露》：了解白露节气知识

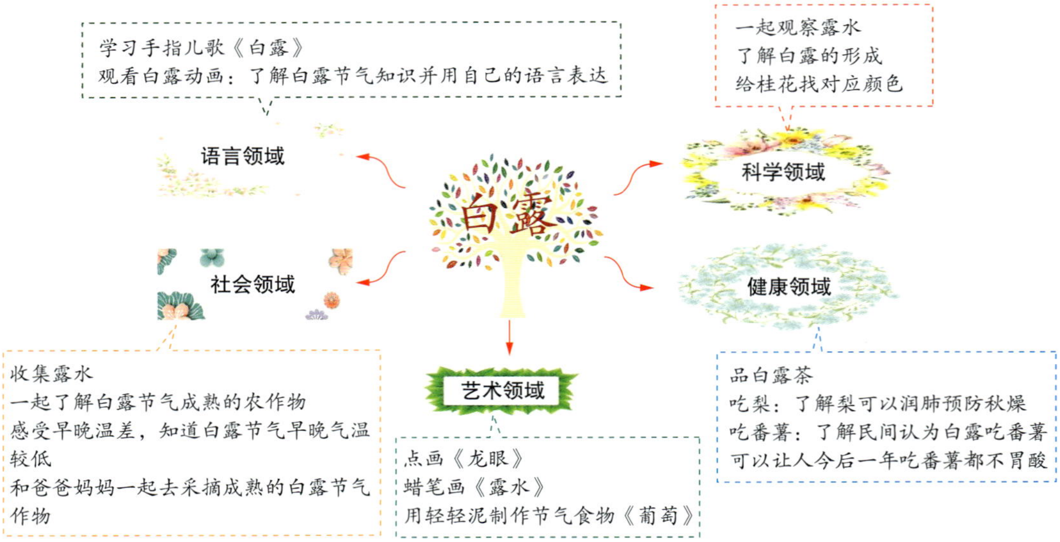

语言领域
- 学习手指儿歌《白露》
- 观看白露动画：了解白露节气知识并用自己的语言表达

科学领域
- 一起观察露水
- 了解白露的形成
- 给桂花找对应颜色

社会领域
- 收集露水
- 一起了解白露节气成熟的农作物
- 感受早晚温差，知道白露节气早晚气温较低
- 和爸爸妈妈一起去采摘成熟的白露节气作物

艺术领域
- 点画《龙眼》
- 蜡笔画《露水》
- 用轻轻泥制作节气食物《葡萄》

健康领域
- 品白露茶
- 吃梨：了解梨可以润肺预防秋燥
- 吃番薯：了解民间认为白露吃番薯可以让人今后一年吃番薯都不胃酸

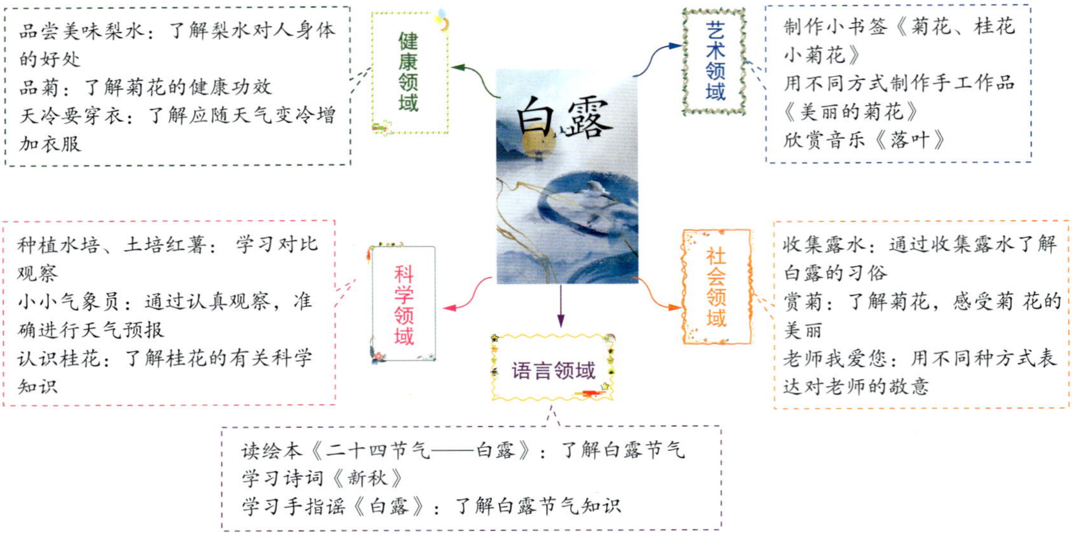

白露

幼儿活动篇

艺术领域

干花书签

中一班 闫 斐

白露时节，班中小朋友在郊外采摘了一株小雏菊，它开在秋天的路边。那小小的黄色花朵吸引了小朋友们的目光。我们也希望可以给孩子们带来花一般美好的白露节气感受，所以组织开展了白露节气艺术领域活动"干花书签"，请小朋友到户外采摘美丽的花朵，然后将它们制作成精美的小书签。

活动之前，我们首先组织小朋友们讨论"书签是怎么制作的？"孩子们带着这个问题回家，在爸爸妈妈的帮助下查阅资料，找出答案。活动那天，我们先一起汇总了书签的制作方法，然后我先给孩子们示范制作了一遍，孩子们认真学习后，便开始亲手制作干花书签了。孩子们将晒好的干花在塑料膜上摆放

——中国农业科学院附属小学附设幼儿班主题活动之送夏迎秋

成自己喜欢的造型，然后在上面再覆盖上一层塑料膜进行压制，最后给压制好的书签绑上一根漂亮的丝带，一个精美的干花书签便最终制成了。活动结束后，孩子们意犹未尽，我们便把制作干花的材料、工具投放到班级美工区，孩子们可以继续进行干花书签的制作。有的小朋友还在家中制作书签。

孩子们在整个活动过程中，充满兴趣、热情高涨，遇到问题能够主动寻找解决方法，学习品质得到了提升。希望这些小小书签能将白露节气的美好一直保留下去。

白 露

大二班　牛佳玉

迎着微凉的秋风，这一次，小院儿的小朋友们迎来了白露节气。我们了解到白露节气的气候特点，昼夜温差大，所以空气中的水汽会凝固成小白露珠，落在树叶上，第二天，会从叶子上滚落。在户外活动时，我们请小朋友们寻找幼儿园里的露珠。孩子们贴近花池，弯下身，仔细观察着每片叶子、每根小草。

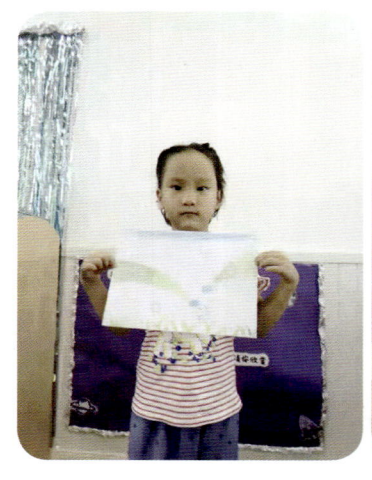
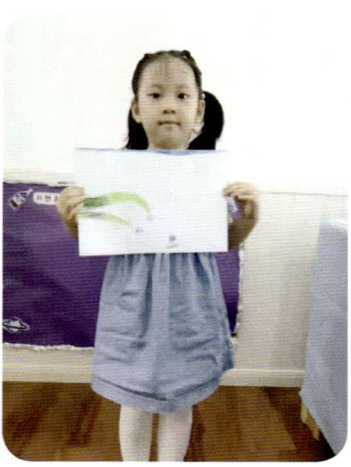

观察后,我们组织孩子们进行了讨论。小朋友们说,他们看到叶子上有很多颗小露珠,明天还想去看一看。根据孩子们的兴趣,我们组织开展了白露节气艺术领域活动"白露写生"。

活动中,孩子们充分亲近幼儿园中的各种植物,用彩色的画笔,描画出一片片叶子,点缀上一颗颗晶莹的露珠。和和说:"我画的是两片叶子,上面有小露珠滴落下来。"朵朵说:"我画的叶子用了渐变的方法,因为现在天气冷了,我看到叶子不全是绿色的了。我还做了一些别的装饰,画了云朵和太阳,还有一些小蝴蝶。"孩子们的小手真灵巧,把幼儿园中的白露景致画得惟妙惟肖,令人感受到了白露节气的清凉。

又是一个秋天,随着年龄的增长,我们对于节气知识也知道得越来越多了。我相信,孩子们一定可以从幼儿园的各种节气活动中获得更多来自大自然的礼物,发现美、感受美……

健康领域

我的身体我保护

中一班 孟 雨

近期,我发现孩子们会出现嘴干、皮肤干的情况,也有的小朋友穿上了小外套,那么为什么会有这样的变化呢?我带领小朋友一起思考问题,寻找答案。有的孩子说:"天气干燥,我嘴就干。"有的说:"我家晚上还开了加湿器。""因为天气冷,我们要穿衣服。"……孩子们纷纷表达了自己的想法。原来,现在是秋季,也是二十四节气中的白露节气,这个时候天气愈发凉爽,也更加干燥。

那么,我们应该怎样保护自己呢?我们开启了新的讨论,然后发现:食补是一种不错的方式。比如白露节气可"食白补身"。秋季饮食应防燥护阴,

——中国农业科学院附属小学附设幼儿班主题活动之送夏迎秋

滋肾润肺，而白萝卜等白色食物可以补肺。还有俗话说："白露配红薯，秋日幸福长。"那红薯怎么吃才能又美味又健康呢？有的孩子说，可以放到烤箱里烤着吃，有的说可以煮红薯粥，有的说可以把红薯切成小条制作成红薯干……孩子们在讨论如何制作红薯美食的过程中，不仅了解了白露的习俗，还体验到了浓浓的幸福感，这个白露节气过得有滋有味！

社会领域

晾制红薯干

大一班　王子月

"吃红薯"是白露节气的传统习俗。秋风起，天渐凉，此时吃到热乎乎的红薯，胃和心都会变得暖暖的。幼儿园也给孩子们准备了好吃的蒸红薯，孩子们十分喜爱。

班里的小七说："老师，红薯有很多吃法，我还吃过红薯干呢，你吃过吗？"听到红薯干，班里很多小朋友也都表示，他们也很喜欢吃红薯干。看到孩子们对红薯干的兴趣很高，我们便组织开展了白露节气社会领域活动"晾制红薯干"。

大班幼儿在活动时要学会与同伴进行分工合作，遇到问题一起想办法解决。于是我把活动主动权交给孩子，孩子们开始自由结组，以小组为单位，进行红薯干的晾制活动。每个组的分工方式都不同，有的用猜拳的方式进行分工，有的用举手表决来分工，还有的用"手心手背"的形式进行分工。他们有的负责切红薯，有的负责封膜，还有的负责拿出去晾晒。负责切红薯的孩子一手扶红薯，一首拿着工具刀，切得特别认真；然后将切好的红

——中国农业科学院附属小学附设幼儿班主题活动之送夏迎秋

薯摆放到小容器上,两个孩子一起合作用塑封膜罩在容器上;最后,负责晾晒的孩子把红薯运送到户外,找到阳光好又能够不被踩到的地方摆放好,进行晾晒。

之后的日子里,孩子们会时不时地跑去观察自己组小红薯的变化。当孩子们品尝到自己晾晒的红薯干时,脸上的笑容是那样灿烂——真的很好吃啊!

在白露节气中,孩子们感受气候变化的同时,亲手制作节气美食,收获了这份属于他们自己的节气快乐!

晚 晴
（唐）杜甫

返照斜初彻，浮云薄未归。
江虹明远饮，峡雨落馀飞。
凫雁终高去，熊罴觉自肥。
秋分客尚在，竹露夕微微。

每年的9月22日、23日或24日，当太阳到达黄经180°时，进入秋分节气。秋分同春分一样，这一天太阳几乎直射赤道，因而昼夜均分，各有12小时。秋分时节，我国长江流域及其以北的广大地区，日平均气温都降到了22℃以下，进入凉爽的秋季。

古人将秋分分为三候："一候雷始收声；二候蛰虫坯户；三候水始涸。"古人认为雷是因为阳气兴盛而发声，秋分后阴气开始旺盛，所以不再打雷了，但现在随着全球气候变暖，极端天气增多，秋分后出现雷声也不是没有可能；二候中的"坯"字是细土的意思，意思是，由于天气变冷，蛰居的小虫开始藏入洞穴中，并且用细土将洞口封起来以防寒气侵入；"水始涸"即此后降雨量开始减少，天气干燥，水分蒸发，因而湖泊与河流中的水量变少，一些沼泽及水洼便处于干涸之中。

秋分清晨气温低，应根据气温变化及时增减衣服，户外运动前做好充分的准备活动，避免损伤肌肉、关节等。

据史书记载，早在周朝，古代帝王就有春分祭日，夏至祭地，秋分祭月，冬至祭天的习俗。北京的月坛就是明清皇帝祭月的地方。祭月的风俗也不仅为宫廷及上层贵族所奉行，民间也盛行。现在的中秋节即由传统的祭月节而来，每年农历八月十五日，人们赏明月、吃月饼，尽情享受合家团圆的美好时光。

教师研学篇

  2021年，幼儿园迎来了第二个秋分节气教师研学活动。去年，老师们一起围坐在金穗书屋学习秋分节气知识、品尝节气美食、分享各年龄段活动思维导图。经过一年时间的沉淀和经验积累，老师们梳理总结出了更加丰富精彩的节气活动，让孩子们充分体验节气习俗，

了解节气知识，体会中国传统文化的博大精深和奇妙之处。

  今年，老师们不仅准备了相应的节气活动，还把秋分节气的区域材料投放进孩子们每天都会参与体验的活动区中，通过区域材料和二十四节气的有机融合，孩子们每天都可以在游戏活动中感受秋分带来的快乐和美好。

  不同年龄组教师分别分享了班中的节气游戏材料。大班组投放了"节气印刷"和"秋分水墨画"的自制游戏材料，通过超轻黏土制作瓦当并拓印，帮助幼儿了解秋分节气的特点。中班组开展了"节气茶"推荐和故事表演讲述活动，通过游戏，让孩子们了解节气茶饮知识。

哇！我们的二十四节气

——中国农业科学院附属小学附设幼儿班主题活动之送夏迎秋

  小班的孩子初入幼儿园，还处在适应集体生活的阶段，对二十四节气的学习没有太多经验，因此，对于小班的老师们来说，让孩子们初步感受二十四节气的魅力是一项重要的任务。老师们集思广益，从各班组的活动中提取精华，学习各年龄段活动的思维模式，在原有活动的基础之上调整活动目标，寻找适合小班幼儿年龄段的节气游戏活动，让小班的孩子们更易接受二十四节气的知识，在玩中学，体验节气活动的快乐。

  本次的教师研学活动，老师们从梳理总结中提炼经验，在原有基础上令节气活动内容更加丰富，也累积了更多教学经验，做了更加深入的教学研究。教师是终身学习者，在持续学习与不断完善自身素质的过程中实现专业发展，幼儿园的每个老师都在稳步向前，致力于给孩子们提供更美更丰富的成长乐园。

五大领域主题活动网络图

各班组教师结合本班组幼儿年龄特点，梳理出秋分节气五大领域主题活动网络图。

社会领域
- 石榴：送给最爱的人
- 踏秋采摘
- 做菊、品菊

科学领域
- 秋分立蛋
- 观察菊花
- 观日月食

健康领域
- 保健大夫健康讲座
- 健康食物品一品（白萝卜、秋葵、梨）
- 放风筝比赛

艺术领域
- 绘画《风筝》（沙燕、小金鱼图案）
- 绘画《送秋牛》
- 画手撕画《小菊花》
- 制作陶泥作品《秋天的果实》

语言领域
- 读绘本《二十四节气——秋分》
- 学习手指儿歌《秋分我知道》
- 学习儿歌《秋天》

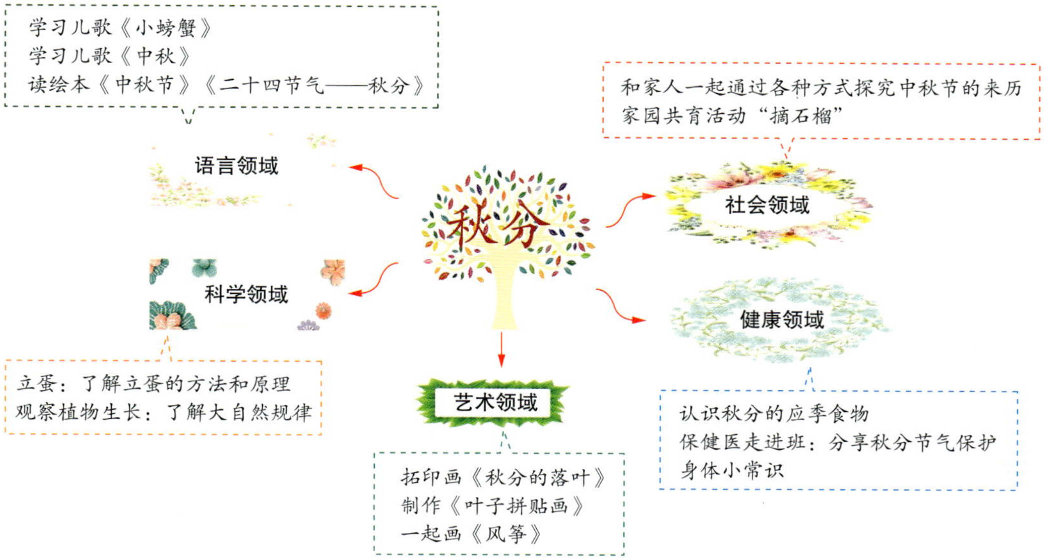

语言领域
- 学习儿歌《小螃蟹》
- 学习儿歌《中秋》
- 读绘本《中秋节》《二十四节气——秋分》

社会领域
- 和家人一起通过各种方式探究中秋节的来历
- 家园共育活动"摘石榴"

科学领域
- 立蛋：了解立蛋的方法和原理
- 观察植物生长：了解大自然规律

健康领域
- 认识秋分的应季食物
- 保健医走进班：分享秋分节气保护身体小常识

艺术领域
- 拓印画《秋分的落叶》
- 制作《叶子拼贴画》
- 一起画《风筝》

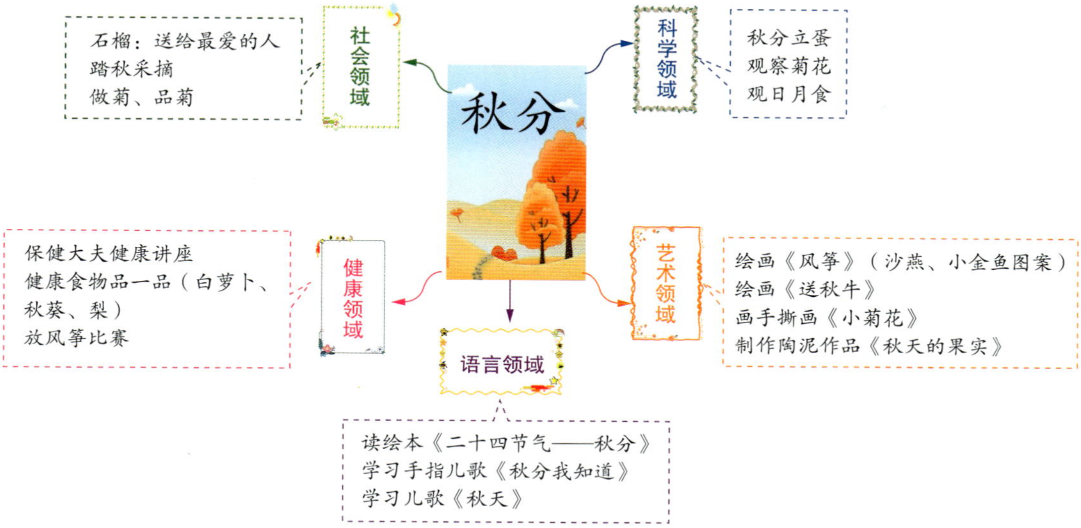

——中国农业科学院附属小学附设幼儿班主题活动之送夏迎秋

幼儿活动篇

艺术领域

小螃蟹

大二班　牛佳玉

最近我发现，小朋友们都换上了长袖衣服和长裤，天气不断转凉，我们也迎来了一个新的节气——秋分。同时，我们还迎来了中秋佳节。除了香甜可口的月饼，鲜美多膏的螃蟹也是深受人们喜爱的一道美味佳肴。

在之前开展的一些节气活动中，我们进行了绘本阅读，了解到秋分时节正是食用螃蟹的好时候。由此，我们开展了秋分节气艺术领域活动"小螃蟹"，让孩子在品尝螃蟹的同时，更加细致地了解螃蟹的样子，并且动手制作手工作品。

我们讨论了螃蟹的外形特点，和和说："螃蟹有一对大大的钳子，会把食物都夹起来。"添添说："螃蟹还有很多腿，中间会弯起来。""它的身体瘦瘦的，不是圆鼓鼓的。"飞飞说。结合孩子们的发言，我们将螃蟹的外貌特点进行了梳理，在明晰螃蟹的外观特点基础上，小朋友们开始了"小螃蟹"

手工创作。

《指南》提出，应根据幼儿的生活经验，与幼儿共同确定艺术表达的主题，引导幼儿围绕主题展开想象，进行艺术表现。孩子们用彩泥捏出了许多憨态可掬、笑盈盈的小螃蟹。小朋友们还为自己的小螃蟹选择活动场景，有的选择了白色天空背景，有的选择了碧海蓝天背景，还有的小朋友觉得白色天空背景过于单调，于是自己动手在天空中画上了太阳、云彩、海鸟等。通过开展小螃蟹的艺术活动，增强了幼儿的创造力和动手能力，体验到美工活动的乐趣。

科学领域

中秋探月

中一班　孟　雨

"小小的月饼甜又甜，大大的月亮圆又圆……"伴着好听的儿歌，孩子们悄悄告诉我："老师马上要过中秋节了！"

中秋节是我国的一个盛大的传统节日，通常在秋分前后到来。为了提

哇！我们的二十四节气 ——中国农业科学院附属小学附设幼儿班主题活动之送夏迎秋

高孩子们对我国传统节气、节日文化的了解与兴趣，我们开展了秋分节气科学领域活动"中秋探月"。我们设计了"地球和月亮捉迷藏"的游戏情景，让科学贯穿整个活动，对月亮进行的变化规律进行探究。

通过活动，孩子们了解到，我们在地球上观察到的月亮的形状每天都在变化。月初时，月亮细细的弯弯的，像小姑娘的眉毛；慢慢地，月亮越变越大，像镰刀了，像小船了；到每个月农历十五的时候，月亮最圆，像个大圆盘；接着，月亮又开始慢慢地变小，到月末时又变得细细弯弯的了。"老师，那月亮到底是什么形状的？"有孩子问道。"月亮其实和咱们地球一样，大致是一个球体。"我答道。

最后，我们一起到室外观察了月亮卡片，借助太阳的光芒，更加生动直观地观察了月亮的形状变化。在快乐的中秋探月活动中，孩子们了解了秋分节气的有关知识，也体验到了与同伴游戏的轻松快乐。

秋分

石榴熟了

大二班　刘　晶

秋分时节，各种果实逐渐成熟。孩子们在户外活动时，看到幼儿园里的石榴成熟了，于是我们开展了秋分节气科学领域活动"石榴熟了"。在自由活动时间，孩子们继续对石榴进行了观察，还摘下石榴试着闻一闻。和和说："石榴上比较红的部位就是经常能被太阳照射到的地方。"福宝说："石榴的皮有的地方光滑，有的地方粗糙。"朵朵说："每年到了秋天，石榴才成熟。"

——中国农业科学院附属小学附设幼儿班主题活动之送夏迎秋

回到班里后，孩子们继续兴高采烈地讨论着石榴。结合孩子们的兴趣，我们便开展了绘画石榴的拓展活动，孩子们结合自己的观察进行绘画。小添说："石榴是红色的。"福宝说："不都是红色的，还会有一点黄色。"早早说："石榴是圆圆的，不过上面还有一个'皇冠'。"夏天说："石榴长在树上，和树枝紧紧地连在一起。"

孩子们通过细致观察和写生，充分了解了石榴的特点及其成熟的季节，对秋分节气的天气、物候知识也有了更深的认识。

社会领域

观菊、做菊、品菊

中一班　闫　斐

春生夏长，秋收冬藏，华夏先民把代代累积的关于时空和天地的丰厚智慧，凝聚浓缩进了简洁的二十四节气当中。"秋分"的节气之花——菊花开始绽放，我们和孩子们一起，通过秋分节气社会领域活动"观菊、做菊、品菊"活动，去探寻菊花的奥秘，赏菊、做菊、品菊花茶。

孩子们首先在自然角近距离欣赏和观察菊花，那里的菊花有黄色、红色、白色等多种颜色。大铭说："菊花的花瓣好小啊，你们看看！""大铭观察得

真仔细,小朋友们,你们看花瓣是什么形状的?"在我的引导下,孩子们更仔细地观察菊花,柠柠说:"花瓣是细细长长的。"文文说:"我看到还有弯弯的花瓣。"

接着,我向孩子们介绍了菊花是秋分的节气花,可以送给奶奶爷爷、姥姥姥爷。"闫老师,那我想做一朵菊花送给我的姥姥,她每天都送我上学。"在小朋友的提议下,孩子们纷纷参与到菊花手工作品的制作中。这一回,孩子们选择了橡皮泥作为主材料,一一说:"橡皮泥可以做出弯弯的造型,这样的形状更像菊花。"孩子们先将橡皮泥搓成长条形状,然后将这些"小面条"在彩色纸上摆放、组合成菊花的样子,再用小手用力按压,将彩泥固定在纸上。在孩子们的精心制作下,一张张充满童趣、美丽纷呈的菊花祝福卡完成了。我们让孩子们将祝福卡带回家,将这份"秋分心意"礼物送给最爱他们的亲人。

在家中,孩子们还与爸爸妈妈共同查阅资料,了解了菊花茶的功效:可散风清热,平肝明目,有去火的功效。由此,班级游戏区域中的茶艺馆里也增添了菊花茶,成了秋分节气的节气茶,吸引来了更多的小客人。

池上
（唐）白居易

袅袅凉风动，凄凄寒露零。
兰衰花始白，荷破叶犹青。
独立栖沙鹤，双飞照水萤。
若为寥落境，仍值酒初醒。

每年的10月8日或9日，太阳到达黄经195°时，寒露节气开始。寒露，意为天气由凉爽向寒冷过渡，这个时期的气温比白露时节更低，地面的露水更冷，因而有"寒露寒露，遍地冷露"的说法。寒露期间，人们可以明显感觉到季节的变化，开始用"寒"来表达自身对天气的感受了。

古人将寒露分为三候："一候鸿雁来宾；二候雀入大水为蛤；三候菊有黄华。"意思是，寒露节气期间，鸿雁排成"一"字或"人"字形的队列大举南迁；深秋天寒，雀鸟都不见了，古人看到海边突然出现很多蛤蜊，并且贝壳的条纹及颜色与雀鸟很相似，所以便误以为是雀鸟变成的；"菊有黄华"则是说此时漫山遍野的菊花凌寒怒放，给肃杀凄凉的深秋涂抹出一片勃然生机。

寒露节气的一个明显特点是气温降得快。白天往往比较温暖，秋高气爽，晴空万里，一派深秋美丽宜人的景象，登高、赏菊都是这个节气里最适宜的活动，但夜晚却比较寒冷。

寒露时节前后，有一个重要的节日是重阳节，在农历九月初九这一天，我国自古以来有登高的习俗，所以又被称为登高节。寒露饮食养生应根据个人的具体情况，适当多食甘、淡、滋润的食品，既可补脾胃，又能养肺润肠，防治咽干口燥等症。

教师研学篇

　　2021年的寒露,王子月老师带领教师们结合园本课程开展了"爱在重阳"研学活动。

　　首先,由王老师领学,大家一起了解寒露节气的气候变化、三候、传统习俗、文化内涵等,大家互相探讨,互相补充,互相学习。

　　随后,大家又对上一年度的寒露节气主题活动后整理制作的节气册进行了回顾和学习,希望将积累学习到的重阳节相关知识更好地带给孩子们。教师需要通过经常性的研究和反思实践,提高师德修养,扩展对于园本课程活动的教育实践能力。

　　一季寒霜冷长天,一夜清露湿月圆。寒露主题教师研学活动让我们深深地感受到中华文化的源远流长与巨大魅力;感受到古人的学识与才智;感受到大自然的多彩与神秘!

　　露似珍珠月似弓,遍地银霜情意浓;寒露降温天渐凉,寒气来袭需谨防;温馨问候记心上,唯有安康幸福长!

——中国农业科学院附属小学附设幼儿班主题活动之送夏迎秋

五大领域主题活动网络图

各班组教师结合本班组幼儿年龄特点，梳理出寒露节气五大领域主题活动网络图。

寒露

- 艺术领域
  - 佩茱萸
  - 《菊花画》涂色
  - 用轻轻泥做《柿饼》
  - 制作树叶贴画

- 科学领域
  - 观察露珠
  - 观察秋天的落叶

- 语言领域
  - 学习寒露儿歌
  - 学习重阳糕儿歌
  - 谈话活动：了解重阳意义以及习俗

- 健康领域
  - 喝菊花茶
  - 做柿饼
  - 保健医走进班：分享保护自己健康的小常识

- 社会领域
  - 为老人倒水、按摩
  - 登高
  - 晒柿饼

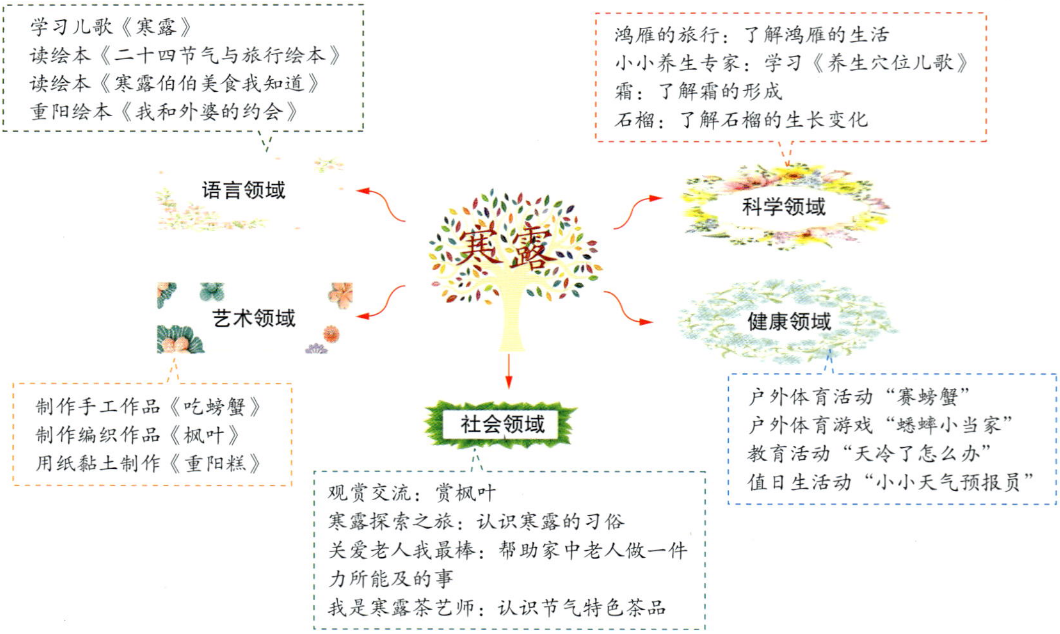

寒露

- 语言领域
  - 学习儿歌《寒露》
  - 读绘本《二十四节气与旅行绘本》
  - 读绘本《寒露伯伯美食我知道》
  - 重阳绘本《我和外婆的约会》

- 科学领域
  - 鸿雁的旅行：了解鸿雁的生活
  - 小小养生专家：学习《养生穴位儿歌》
  - 霜：了解霜的形成
  - 石榴：了解石榴的生长变化

- 艺术领域
  - 制作手工作品《吃螃蟹》
  - 制作编织作品《枫叶》
  - 用纸黏土制作《重阳糕》

- 健康领域
  - 户外体育活动"赛螃蟹"
  - 户外体育游戏"蟋蟀小当家"
  - 教育活动"天冷了怎么办"
  - 值日生活动"小小天气预报员"

- 社会领域
  - 观赏交流：赏枫叶
  - 寒露探索之旅：认识寒露的习俗
  - 关爱老人我最棒：帮助家中老人做一件力所能及的事
  - 我是寒露茶艺师：认识节气特色茶品

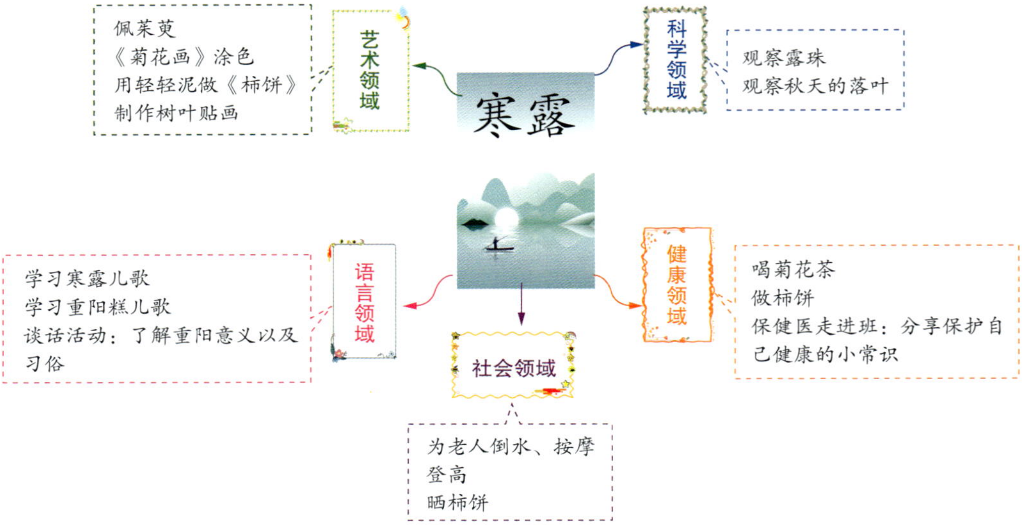

幼儿活动篇

艺术领域

茱萸

中一班 范 围

每年的九月初九是重阳节,"九九"两阳数相重,故曰"重阳",这天有插茱萸的习俗,所以又叫作茱萸节。

由于重阳节常在寒露节气前后,所以结合这一节日习俗,我们开展了寒露节气艺术领域活动"茱萸"。

制作前,我先带领孩子们了解茱萸:"小朋友们,你们知道为什么要在重阳节的时候要插茱萸或佩戴茱萸吗?"有的孩子说可以治病,有的幼儿说这就是习俗。我告诉他们:古人认为茱萸可以驱虫去湿、逐风邪,于是便登高插茱萸,或把茱萸佩戴在手臂上,还有的将茱萸磨碎放在香袋里随身携带,有的干脆直接将茱萸插在头上。

在简单认识了茱萸后,我们便开始制作茱萸手工作品了。小朋友们利用红色的皱纹纸进行团球,

——中国农业科学院附属小学附设幼儿班主题活动之送夏迎秋

粘贴在纸上,这便是美丽的茱萸果实了。有的孩子还画上了绿色的叶子,鲜红的茱萸果实显得更加娇艳欲滴。孩子们的画纸上,茱萸姿态万千、生动美丽,为金色的秋天更增几抹艳色。

古人认为九九重阳是吉祥的日子,传承至今,又添加了敬老等内涵,于重阳之日享宴高会,感恩敬老。放学时,孩子们纷纷把自己亲手制作的茱萸手工作品送给爷爷奶奶、姥姥姥爷,并和他们暖暖地拥抱在一起,为本次活动赋予了更美好的意义。

秋之"重阳",菊花为伴

大班 徐 然 王子月 牛佳玉

江山从容入秋色,一派清泉黄菊盛。重阳节是寒露节气中特有的节日,又被称为"老人节",菊花是寒露时节最具代表性的花卉,象征着健康长寿。结合寒露节气的习俗及特点,我们大班教师在重阳节来临之际,带领小朋友们开展了"赏菊、探菊、做菊"等系列活动。

金秋十月,天气转凉,一场秋雨使得秋意更浓。我们在幼儿园的院子里寻找多姿多彩的秋天。户外游戏时,芊芊说:"老师,你看石榴树的叶子颜色变了,黄色的叶子真好看。"林林说:"种植箱里的花更好看,有黄色的、有粉色的。"孩子们纷纷围到种植箱前,欣赏菊花。"那你们知道这是什么花吗?"我问。"这是菊花!"柠柠兴奋地回答。"菊花真好看,真好看!"孩子们对菊花赞不绝口。站在后面的小朋友也想到菊花面前欣赏一番。考虑到孩子们的安全,也为了满足他们的赏花愿望,我们设计了"探菊"活动。

我们为孩子们提供了记录单,在"探菊"过程中,孩子们依照记录单上的内容进行有目的的观察,并尝试用简单的符号、图画等方式进行记录。朵朵说:"我发现菊花的花瓣有很多,像一个小球球。"早早说:"菊花的花瓣是细细长长的。"丸子说:"菊花花瓣弯弯的,像一个月亮小船。"记录是幼儿探究中收集信息的有力工具,也是幼儿表达个人发现的依据。孩子们积极

地分享着自己的观察记录，我听到有小朋友说："我也要回家种菊花。"我便追问道："那你们种的菊花要送给谁呢？"琪琪说："送给奶奶。""是的，菊花可以送给老人，菊花代表着健康长寿。那你们知道在寒露节气中有一个重要的节日，是什么节吗？"我继续追问。"是重阳节吗？"琪琪再一次回答。"那我想送个菊花给我姥姥！"可可大声说。"我也要送，我也要送！"孩子们纷纷表达出自己的意愿。于是，我们组织了一次"做菊"的美工活动。

"做菊"活动前，小朋友们以小组为单位，讨论了用什么材料制作菊花。随后，我们进行了汇总，有的小组说可以用超轻黏土，有的小组说可以用纸杯，还有的孩子说可以画菊花、剪贴菊花……最后，我们为幼儿提供了三种制作菊花的不同材料：纸杯、彩泥和水粉，鼓励幼儿选择自己喜欢的方法和材料进行创作。孩子们在创作中十分投入，专注于自己的作品。每个孩子的作品都与众不同，他们还能积极地向同伴分享自己的作品创意。活动结束后，我们还在美工区提供了棉签、塑料瓶、冰棍棒等材料，孩子们乐于创新，敢于创造，创作出更多样式的菊花作品，并和老师、同伴、家人分享自己的喜悦。

教育家苏霍姆林斯基曾说过："儿童的智慧在他的手指尖上。"美工活动能促进幼儿手部肌肉的发育，以及手眼协调能力的发展。在自主创作过程中，我们提供了丰富的材料，孩子们能够根据自己的兴趣选择制作材料。当他们遇到困难

时，我们首先给予孩子们思考的空间，鼓励他们独自想办法，大胆尝试，不怕困难，减少他们在活动中对我们教师的依赖性，培养孩子们在遇到困难时解决问题的能力。当孩子们将自己做的菊花美工作品自豪地展示在同伴面前时，自信与喜悦溢于言表，孩子们真正体验到了成功的乐趣！

当孩子们带着这些美丽的小菊花回到家中送给家中的老人时，家人们看到了孩子的成长与进步，也感受到了祖孙间浓浓的亲情，以及节日的喜悦。本次活动不仅弘扬了中华民族尊老敬老的传统美德，更用实际行动促进家庭幸福。

枫 叶

大二班 刘 晶

寒露时节的传统习俗主要有赏枫叶、吃芝麻、吃螃蟹、饮秋茶等。

寒露节气到了。在刚刚过去的十一假期里，孩子们大多出去游玩，回来后分享了自己的发现。朵朵说："天气冷了，我登山的时候都穿上了厚衣服。"和和说："我登山的时候发现叶子变成了黄色或者红色。"小添紧跟着说："我也发现了。"还有其他小朋友也提起变了颜色的叶子。结合孩子们的兴趣，我们开展了寒露节气艺术领域活动"枫叶"。

在活动中，我先带领孩子们观察枫叶，了解枫叶的外形特点。早早拿出了他自己准备的枫叶，说："枫叶的叶子是尖尖的。"小添说："我看到枫叶上面有一条长长的线。""我也看到了！"小朋友们纷纷说道。我鼓励小朋友们用手去摸一摸，并夸奖他们："你们观察得真仔细，这个长长的线叫'叶脉'……"孩子们在了解了枫叶的特征后，便开始选择自己喜欢的方式进行创作。

在创作枫叶主题作品的过程中，我观察到选择折纸的孩子们在拼接枫叶时都遇到了一些困难，我鼓励他们自己想办法，"你可以借用工具试一试？上一次我们做荷花拼接时用到了什么？"佳琪说："胶钉。"于是，孩子们从美工区找来了胶钉，试着粘贴到枫叶的每个叶片上。"哇，刘老师，

——中国农业科学院附属小学附设幼儿班主题活动之送夏迎秋

我的枫叶做成功了！"孩子们欣喜万分。我赶紧给孩子们送一个大大的"赞"。最后，我请孩子们对自己的枫叶作品进行补充添画，孩子们心中的一些美好场景，以及观察与想象成果，在画中更好地体现了出来。朵朵说："我是站在这个树的旁边赏枫叶的，所以我在枫叶旁边画了一个我自己。"嫚嫚说："我观察到枫叶上有很多叶脉，所以，我在枫叶上画了叶脉。"

在活动中，我充分尊重孩子们的想法，鼓励他们自由创作；在孩子们遇到困难时，也没有直接告诉他们解决方法，而是鼓励他们自己解决，让孩子们充分体验到自由与成功，大大提升了孩子们的自信心。

健康领域

小螃蟹运食物

小一班 范 围

寒露时节，人们除了赏菊花，还有吃螃蟹的习俗。在中秋节的时候，孩子们常说起《小螃蟹》儿歌，了解到螃蟹是横着走路的。孩子们还特别喜欢模仿螃蟹独特的走路方式。根据孩子们的兴趣，我们设计了寒露节气健康领域活动"小螃蟹运食物"。

"小朋友们，今天我们一起来玩一个游戏'小螃蟹运食物'。你们知道螃蟹是怎么行走的吗？""知道——"孩子们纷纷模仿起小螃蟹的走路方式。我请"小螃蟹宝宝"和"螃蟹妈妈"一起做游戏。"螃蟹妈妈"采用秘密小口令，带领"螃蟹宝宝们"做动作。起初，我们是围圈做一些简单的动作，之后看到孩子们有了一定的游戏规则意识，便请"小螃蟹们"变换队形，动作也随着加大难度；活动最后，每一个"螃蟹宝宝"都能够自如地运食物和变换队形了。

看到这个游戏给孩子们带来了这么多欢笑，我便找了好听的音乐，带领孩子们开展了一次拓展活动"小螃蟹音乐会"，大家伴着音乐，用小螃蟹的方式走动、舞动、游戏。

在整个活动中，我都用童趣化的语言来提示幼儿如何横着走路、如何运食物。孩子们积极地参与游戏，在游戏中收获寒露节气的知识与快乐。

——中国农业科学院附属小学附设幼儿班主题活动之送夏迎秋

社会领域

寒露登高

小一班　张　萌

"九月节，露气寒冷，将凝结也。"寒露节气到了，气温要比白露时节更低了，地面的露水更冷，快要凝结成冰了。寒露节气是秋季的第五个节气，表示秋季即将结束。在寒露节气中，很多地方有登高的习俗。

在听我们讲解了寒露节气的一些常识和习俗之后，一一兴奋地说："老师，我妈妈假期要带我去景山公园爬山！"旺旺也举起小手说："张老师，您知道吗？我爸爸说了，他放假要带我去故宫。"孩子们仿佛打开了话匣子，你一句我一句地讨论起来。根据孩子们的兴趣点，我分享了绘本《哇！故宫的二十四节气——寒露》。绘本中的故事让孩子们感叹：原来中国古代有这么多有意思的传说和好玩的游戏！

幼儿的社会性主要是在日常生活和游戏中通过观察和模仿潜移默化发展起来的。家庭、幼儿园和社会应共同努力，为幼儿创设温暖、关爱、平等的家庭和集体生活氛围。所以，我们开展了家园共育的寒露节气社会领域活动"寒露登高"，向家长们发送了邀请，如果家长假期带着孩子们一

起出去登高或游玩，可以把照片发送给我们，假期回来后，孩子们可以一起分享自己出游的快乐行程。

就这样，很多孩子都在十一小长假期间和爸爸妈妈游览了北京的高山，欣赏了秋天的美景，见识了金秋时节首都的魅力，更深地了解了寒露节气的气候特点。

寒露节气我参与

小一班 闫 斐

进入寒露时节后，秋高气爽、昼热夜凉的特征更加显著。我们组织开展了寒露节气社会领域活动"寒露节气我参与"。老师在班级微信群中为家长及幼儿发布了有关寒露节气的温馨提示，希望家长可以利用

哇！我们的二十四节气

——中国农业科学院附属小学附设幼儿班主题活动之送夏迎秋

十一假期和孩子们一起进行寒露节气主题绘本阅读活动。大家都十分积极地参与活动，家长们纷纷将和孩子一起阅读绘本的过程照片发送到微信群中。

孩子们在家长的引导下，了解了寒露节气的许多相关知识，比如，寒露时节天高气爽、晚风送凉、梧桐落黄、草木萧疏、秋菊飘香，农民在这一时期会播种小麦等农作物，城乡居民在饮食方面会讲求养生。

孩子还和爸爸妈妈一起走出家门，去到郊外体验、感受农民们收获农作物的喜悦，有的孩子通过采摘了解了寒露节气的应季蔬菜和水果。

本次活动，孩子们都认真参与其中，也深深感受到了寒露节气的独特气候、物候特征，收获了许许多多知识与快乐。

爷爷奶奶哈哈笑

大一班　苏嬛然

在寒露之前,没有带"寒"字的节气,从寒露这个节气开始,秋天萧瑟的气味越来越浓,气温下降的速度越发快了。每到寒露节气,我们都会感到天气越发寒冷,而这时候我们也正好迎来重阳节,这一寒一阳,一冷一暖,正好符合中国传统文化中的"阴阳平衡"。重阳节又叫老人节,尊老、敬老是中华民族的传统美德,由此,我们班开展了寒露节气社会领域活动"爷爷奶奶哈哈笑"。

活动中,孩子们带来了家中老人的照片,在展示照片过程中,我会提问孩子们:照片中有谁?照片里老人的表情是什么样子的?重阳节到了,我们能为爷爷奶奶做些什么呢?对于我发出这些提问,孩子们积极分享着自己的想法。冠森说:"因为奶奶每天很辛苦,所以我要给奶奶包饺子吃。"宁萌说:"奶奶一天很辛苦,我要给奶奶沏杯茶喝。"沛沛说:"我想帮助奶奶打扫卫生,擦擦地。"……

回家后,孩子们都把自己在幼儿园说的想法付诸了行动,许多家长用照片记录下了孩子与老人互动的温馨瞬间,同时自己也积极参与到活动中,以身作则为孩子们做出榜样。家长们表示,通过此次活动,孩子与家长共同了解了怎样表达对亲人的爱,懂得了感恩,传承了尊老、敬老、爱老的良好品德,达到了家园合作共同成长的良好效果。

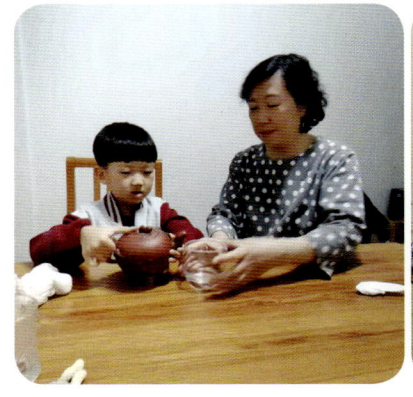

咏廿四气诗·霜降九月中
（唐）元稹

风卷清云尽，空天万里霜。
野豺先祭月，仙菊遇重阳。
秋色悲疏木，鸿鸣忆故乡。
谁知一樽酒，能使百秋亡。

每年10月23日或24日，太阳到达黄经210°时，霜降节气开始。《月令七十二候集解》云："九月中，气肃而凝，露结为霜矣。"此时，我国黄河流域出现白霜，天气变得更冷了。

在二十四节气中，白露、寒露、霜降均反映的是水汽凝结或凝华的现象。气象学上，一般把秋季出现的第一次霜叫作"初霜"，而把春季出现的最后一次霜称为"终霜"。从终霜到初霜之间的时期就是无霜期。一个地方无霜期的长短直接影响着当地农作物的种植方式和品种选择。

古人将霜降分为三候："一候豺乃祭兽；二候草木黄落；三候蛰虫咸俯。"意思是，这个时节，豺一类的动物开始捕获猎物过冬；树叶枯黄掉落；而冬眠的动物也藏在洞中不动不食进入冬眠状态。霜降是从秋向冬过渡的开始，天气渐冷，初霜出现，"寒露不算冷，霜降变了天"，到了这个时节，更应注意添衣保暖。

霜降时节正是秋菊盛开的时候，菊花被古人视为"候时之草"，是生命力的象征。我国很多地方在这时要举行菊花会，赏菊饮酒，以示对菊花的崇敬和爱戴。霜降这一天，我国闽南地区有食鸭肉的习惯，当地谚语"一年补通通，不如补霜降"，充分体现出闽台民间对霜降这一节气的重视。因此，每到霜降时节，闽台地区的鸭子就会卖得异常火爆。而广西玉林的人们习惯在霜降这天吃牛腩煲之类的佳肴来补充能量，祈求在冬天身体暖和强健。一些地区还有在霜降节气吃柿子、煲羊肉等习俗，以御寒保暖，增强体质。

教师研学篇

霜降节气到了，刘晶老师采用公开课的形式来开展本次节气教师研学活动。活动这天，生动活泼的公开课《霜降节气趣味多》开讲了。刘老师结合幼儿园二十四节气系列活动积累下来的霜降节气册，带领孩子们回顾曾经学习过的霜降节气知识。因为孩子们已经有了一些节气学习的经验，所以在介绍起节气册内容时格外自信，他们用自己的方式讲述节气册子中的每一个小知识，童趣又专业。

为了让孩子们更好地重温霜降节气，老师们采用了有趣的新办法——创编节气儿歌，将打击乐器融入欢快的儿歌呈现给孩子们。孩子们看过老师们的表演后，也纷纷表达出想要把节气知识创作成儿歌的愿望。于是孩子们自己分组、绘画，请老师帮忙记录下想说的话，再用自己的语言创编属于自己的霜降节气儿歌。孩子们的世界天马行空，充满着有趣的想象和快乐笑声，

——中国农业科学院附属小学附设幼儿班主题活动之送夏迎秋

通过一首首可爱的小儿歌，我们发现小朋友眼里的秋天就像超人一样，勇往直前，快乐无限。

　　刘老师在公开课的内容组织上充分考虑了幼儿的学习特点和认知规律，能够与多领域内容有机联系，相互渗透，寓教育于生活和游戏之中，注重幼儿的主动探索、合作交流和表达表现。讲课和听课的老师都能够在这个过程中观察孩子们，并根据他们的表现和需求进行调整，给予孩子们适宜的指导。课后，老师们又围绕公开课展开了深入的讨论和研究，积累经验教训，以期为孩子们带来更精彩的节气活动。

五大领域主题活动网络图

各班组教师结合本班组幼儿年龄特点，梳理出霜降节气五大领域主题活动网络图。

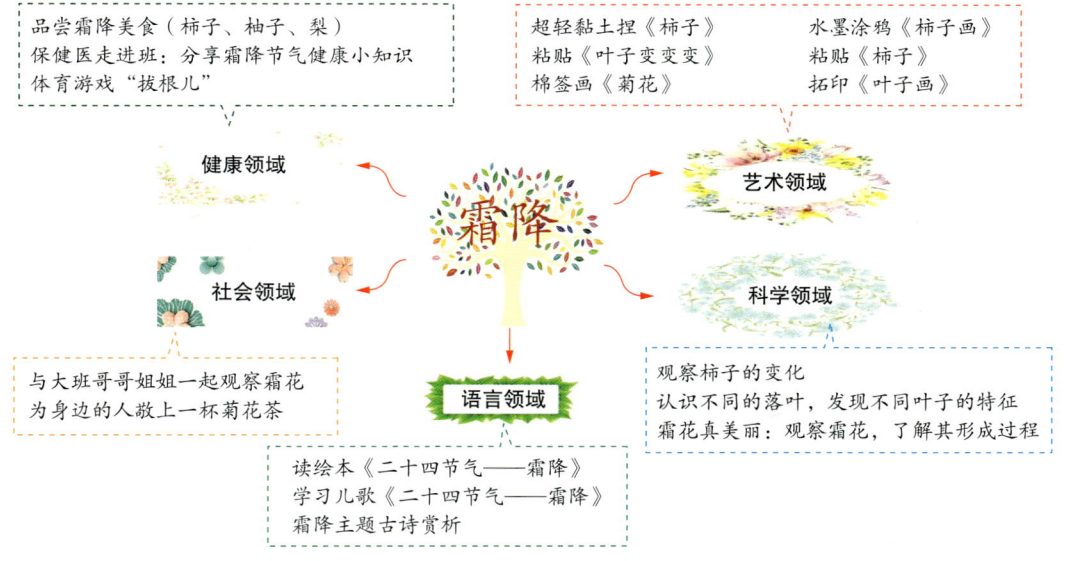

——中国农业科学院附属小学附设幼儿班主题活动之送夏迎秋

幼儿活动篇

艺术领域

涂色菊花

小一班 张 萌

霜降时节正是秋菊盛开的时候，我国很多地方在这时要举行菊花会，赏菊饮酒，以表达对菊花的喜爱。尤其是南方地区气候温和，霜降期间，田畴青葱，橙黄橘绿，秋菊竞放。

家祎说："老师，我们幼儿园也有好看的菊花！"于是，我们带孩子们一起到户外观赏美丽的菊花。原多多说："老师你看，这里有橘色的和黄色的菊花，真漂亮！"

《指南》指出，每个幼儿心里都有一颗美的种子。幼儿艺术领域学习的关键在于充分创造条件和机会，引导幼儿学会用心去感受和发现美，激发他们的想象力和创造力，鼓励他们用自己的方式去表现和创造美。因此，在观赏完菊花之后，我们根据小班幼儿的年龄特点，开展了霜降节气艺术领域活动"涂色菊花"。

孩子们用彩色的画笔,给纸上空白的菊花涂上了五彩缤纷的颜色,原本千篇一律的白色菊花,在他们的笔下变得美丽异常、个性十足。

孩子们通过给菊花涂色,把自己对于菊花的美丽理解,充分展现到自己作品中。大家还通过互相欣赏彼此的作品,收获了更多各具特色的美丽——没错,每个节气都是那样美,那样动人。

霜降至,柿子甜

中一班 孟 雨

霜降节气金秋送爽,硕果飘香,是一个充满收获和喜悦的季节。

这天,班中的小朋友们七嘴八舌地讨论起自然角中的柿子。"柿子颜色不一样,有的绿、有的黄、有的橙。""形状也不一样,有方形的、椭圆形的、圆形的。""有的柿子是硬的,也有的是软的。"……在观察、比较和讨论的过程中,孩子们加深了对柿子的认知。我们根据孩子们的兴趣,开展了霜降节气艺术领域活动"霜降至,柿子甜"。

这个年龄段的孩子很喜欢撕纸这种手工形式,于是我们为他们准备了黄色和橙色的彩纸。孩子们将彩纸握在小手中,双手配合,一点一点撕成自己想要的形状。祁祁说:"孟老师,你看我把柿子撕得圆圆的。"悦悦说:"我撕的是椭圆的,我这个像不像柿子饼?"孩子们体验到动手操作的快乐,同时也发挥了自己的创造力,创作出不同形态的柿子。

最后，我们还带领孩子们一起了解了柿子的营养价值，知道霜降时节吃柿子不容易感冒流鼻涕。霜降是秋冬季节的转折点，天气渐凉，需要及时添衣。

二十四节气主题教育活动，使孩子们能够在愉快的实践中去体验、感悟各种节气气候和物候的变化，以及其中蕴含的文化与智慧，在孩子们心中播下传承中华文化的种子。

科学领域

叶子的秘密

大二班　牛佳玉

秋叶落到了地上，让大地穿上了金色的衣裳。看着这美丽的景色，爱思考的小朋友们提出了问题：为什么到了秋天叶子就会变黄或者变红呢？怀着这样的疑问，孩子们变身成小小科学家，一起探寻叶子的秘密。

霜降节气科学领域活动"叶子的秘密"开始了，我们请来了一位好帮手来帮助我们找寻小叶子的秘密，那就是酒精。叶子里的天然色素可以溶于酒精，小朋友们将捡来的不同颜色的叶子都分别泡在酒精里，再放上张纸，这样我们就可以更加清晰地观察到叶子变色的过程了。

在泡制叶子大约两个小时后，孩子们开始轮流对这些叶子进行近距离观察。和和发现：虽然天然色素没有染到纸上，但是叶子已经变色了——从原先的金黄色变成了暗黄色。这是为什么呢？这是因为叶子中的叶绿素等一部分色素被酒精溶解掉了，从而呈现出剩下的色素颜色。叶子中含有叶绿素，叶绿素吸收其他颜色的光，只反射绿光，所以我们看到树叶通常是绿色的。其实树叶中除了叶绿素外，还有红色、黄色等许多色素，只是数量很少而已。随着秋天的到来，光照减少、气温降低，叶绿素会减少，这时就轮到红色、黄色等色素施展手脚了，使树叶变成黄色、红色等颜色。"那红色的叶子呢？"丸子小朋友问道，红叶中含有的是红色素吗？不一定！也可能是因为叶子中含有的葡萄糖变多了，使叶子细胞变成酸性，叶子中的花青素在酸性环境中就会变红。

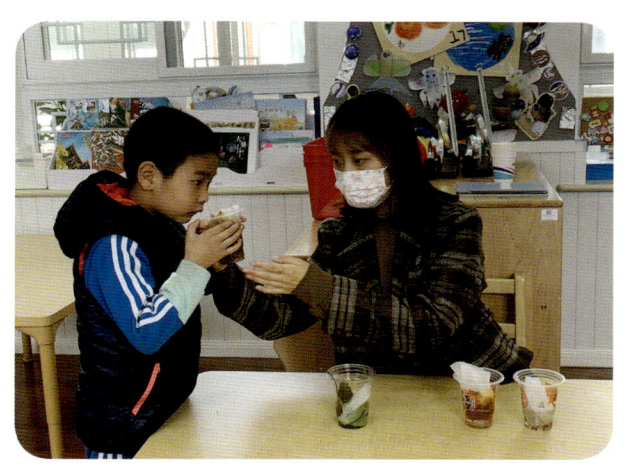

孩子们通过认真观察，直接、快速地了解了叶子变黄的过程，也在这个过程中学到了相关的科学知识。大家都说，小叶子真神奇，居然有这么多秘密。

又经过一段时间的浸泡，孩子们再次观察杯子里的纸巾时，我们惊喜地发现，纸巾有

——中国农业科学院附属小学附设幼儿班主题活动之送夏迎秋

些微微的变黄。"原来叶绿素真的会消失呀！"添添说。"可是我的纸巾上怎么没有颜色呢？"飞飞说，"我猜可能是因为浸泡的时间还不够，因为每一片叶子都是不一样的，所含叶绿素溶于酒精的时间也是不一样的。"

在探究叶子秘密的过程中，孩子们不断地汲取知识，了解大自然的奥秘。节气活动带给小朋友的不仅有快乐，还有敢于探究、不怕困难的优秀品质。

健康领域

秋风吹，树叶飘

中一班 徐 然

秋天是多彩的季节。霜降时节，树上的叶子都不约而同地换上了彩色的装束，泛黄的柳条、红红的枫叶、金色的银杏叶，装点着秋天的世界。在充满欢声笑语的幼儿园里，我们坐在石榴树下，感受霜降时节叶落的自然现象，与秋天亲密接触，留存大自然的痕迹，邂逅霜降的美好。

《指南》中的健康领域提到：发育良好的身体、愉快的情绪、强健的体质、协调的动作、良好的生活习惯和基本生活能力是幼儿身心健康的重要标志，

也是其他领域学习与发展的基础。幼儿有了强健的体质，愉快的情绪，才能精力充沛、积极主动地投入到对外界环境的探索之中。由此，结合霜降节气的自然现象和气温变化，我们创设了霜降节气健康领域活动"秋风吹，树叶飘"。

活动时，我们将孩子们分为秋风组和树叶组，彩虹伞成为孩子们制造风的道具。当我说"秋风起"时，秋风组的孩子们便轻轻抖动彩虹伞，"小树叶们"也随着风舞动起来；当听到"大风呼呼来"时，彩虹伞被抖得幅度大了很多，"小树叶们"就被刮到彩虹伞下了；当风停了，彩虹伞降落，"小树叶们"也飘落到彩虹伞上。

仰望湛蓝的天空，孩子们享受着秋季环境里舒适的感觉。随着孩子们对游戏内容的熟悉，我们逐渐加入新的游戏元素，将孩子们在生活中认识的树叶品种加入进去，孩子们领取自己的"树叶名称"，"小树叶们"有了自己的专属名称，参与游戏的兴趣更加高涨。

秋风吹，树叶飘。孩子们对体育游戏兴趣浓厚，在活动中积极参与，勇于挑战，不怕困难。我们将继续探索更多有趣、有益的节气游戏活动。叶落霜降里，寒风送冬来，让我们一起迎接下一个节气的到来吧！

语言领域

学古诗《枫桥夜泊》

小一班 范围

霜降节气有饮酒作诗的习俗。于是我们开展了霜降节气语言领域活动"学古诗《枫桥夜泊》"。

古诗学习过程通常比较枯燥，我结合幼儿年龄特点，利用图画、动画、游戏等方式增添学习趣味，提高学习效果。比如，我先拿出两个图片，让

——中国农业科学院附属小学附设幼儿班主题活动之送夏迎秋

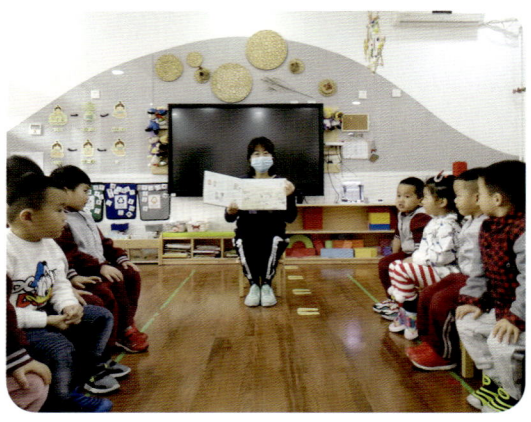

孩子们说一说图片上分别画的是什么。孩子们答出是月亮、乌鸦。然后我以充满童趣的语言将图片上的内容以故事的形式讲述给他们听，帮助孩子们理解诗句含义。接着，我们做起了"我说你做"的游戏，比如我说"乌鸦睡觉"，孩子们便模仿乌鸦睡觉的样子做动作，我说"大树"，孩子们便挺直腰板，张开手臂和五指，用身体模仿大树。这种方式大大调动了幼儿参与活动的兴趣，也帮助孩子们进一步理解了诗句的含义。最后，我加入音乐，营造出更加轻松快乐的学习氛围，孩子们以手指歌谣的形式加深对诗句的理解和记忆。

通过这样一首如画如歌一般美丽的反映节气的古诗，引导孩子们理解诗人的思想感情，欣赏古诗的文学之美，感受歌曲的旋律之美，认识诗歌的意境之美，体验节气的自然之美和文化之美，既提高了孩子们的文学素养，又使他们受到了多重美的熏陶。活动所带来的喜悦和满足，让孩子们的笑容格外灿烂。

霜降节气趣味多

大二班　刘　晶

霜降节气到了，我们开展了霜降节气语言领域活动"霜降节气趣味多"。首先，我们带领孩子们阅读了在小班时大家一起制作的霜降节气册，节气册中记录了霜降的特点和习俗。小朋友们认真阅读并用语言分享自己感兴趣的那一部分。小添说："霜降节气到了，菊花盛开，小朋友们一起赏菊花，有黄菊花、粉菊花。"棒棒说："霜降节气到了，我们可以登高望远，可以吃柿子。"六六说："霜降节气到了，我们在小班的时候摸柿子、闻柿子，柿子会慢慢变软。"除了孩子们的分享，老师也分享了霜降节气的三候，让孩子们了解三候特点，并编成了儿歌与小朋友分享。

孩子们对霜降节气册和老师创编的霜降节气儿歌都非常感兴趣。结合大班"合作化学习"的特点，我们又进行了合作创编霜降儿歌的活动。在创编儿歌过程中，孩子们一起商量，并运用简单的符号进行记录。果果组的小朋友很快就创编了儿歌并与小朋友们分享："小朋友们大家好，霜降节气要来到，霜降图册趣味多，听我和你说一说。吃牛肉、吃羊肉，身体暖、保健康。登高山、赏红叶，菊花开、赏菊花。还有很多的趣事，欢迎你来说一说，说一说。"朗朗上口，充满童趣，内容也十分丰富。接下来，每组小朋友们都

——中国农业科学院附属小学附设幼儿班主题活动之送夏迎秋

分享了自己创编的儿歌，各具特色。

通过这次活动，孩子们互相合作、互相学习，对霜降节气的认知有了很大的提升，语言创作和表达能力也得到了很大的锻炼，真是了不起！

社会领域

霜降茶香飘

中一班　闫斐

霜降秋尽，茶暖人心。霜降是秋天的最后一个节气，是秋收的尾巴，天气越发寒冷，有霜出现。这时的身体调护要顺应"秋收之气"，喝一杯甘润温和的红茶，感受一丝温暖，还有助消化、去油腻之功效。

结合节气活动，我们班开展了霜降节气社会领域活动"霜降茶香飘"活动。我们在区域游戏活动中创设了茶艺馆。我与孩子们进行了一些讨论，然后根据讨论的结论一起动手创设茶艺馆环境，还共同商量制定了游戏规则，营造出一个主题鲜明、色彩和谐的古香古色的茶艺区。

一时间，茶艺区成了区域游戏中最热门的地点。小小茶艺师戴上扎染头巾，准备迎接小客人啦。"欢迎光临茶艺区！"在小小茶艺师的热情招待下，

小客人们走进了茶艺区。只见小小茶艺师递上菜单,还向细心地为客人们介绍每种茶的功效和特点:"菊花茶是去火的,红茶喝了可以让身体变暖,茉莉花茶有淡淡的清香味。您想喝杯什么茶?现在是霜降节气,推荐红茶哦!"于是小客人选择了节气茶品。接下来,小茶艺师开始泡茶了:投茶、洗茶、滤出、冲茶、静置、出汤。小客人品味着,都称赞茶好喝!小小茶艺师心里也美滋滋!

将泡茶、品茶之乐融于游戏中,不仅提高了孩子们的人际交往能力,而且锻炼了坚持、专注的品质。霜降时节,一杯红茶暖人心,孩子们将欢声笑语珍藏于这个小小的茶艺馆中。

——中国农业科学院附属小学附设幼儿班主题活动之送夏迎秋

原来"柿"你

大一班　苏嬑然

霜降时节，正值柿子成熟之时，在我国有些地方便有霜降吃柿子的习俗。此时天气转寒，人们认为吃柿子不仅可以防寒保暖，而且还能补筋骨。

正在班级自然角里活动的孩子们七嘴八舌地讨论着，"这是什么？""这是橘子吗？""是西红柿吗？""不是，这是柿子！""那它是从哪儿来的呢？"于是，我们的探"柿"之旅开始了……

我们开展了霜降节气社会领域活动"原来'柿'你"。从寻柿子、摘柿子，到晒柿饼、做记录，每一个环节都是小朋友们亲自动手，孩子们通过细心观察和对比，发现了很多关于柿子的小秘密：柿饼怎么做？都需要什么工具？怎么晒柿子……孩子们开动脑筋行动起来，有的和爸爸妈妈一起上网寻找制

作柿饼的方法，有的向食堂叔叔阿姨借来制作工具，与同伴一起观察、寻找晾晒柿饼的好位置……就这样，孩子们一步一步发现新的秘密：柿子和苹果放一起成熟得更快；吃了柿子就不能吃螃蟹，否则就要生病；做柿饼要用未成熟、硬硬的、黄的柿子更好……

在这次活动中，孩子们围绕柿子亲身体验、直接感知、实际操作，不仅收获了有关柿子的各种知识，还直观感受到霜降节气的一些气候特点，真是收获满满。